L'ULTIME LIBERTÉ ?

DU MÊME AUTEUR

Société et révolution biologique : pour une éthique de la responsabilité, INRA éditions, 1996.

La Médecine du XXᵉ siècle : des gènes et des hommes, avec Dominique Rousset, Bayard, 1996.

Copies conformes, le clonage en question, avec Fabrice Papillon, Nil éditions, 1998 ; Pocket, 1999.

Et l'Homme dans tout ça ? Plaidoyer pour un humanisme moderne, Nil éditions, 2000 ; Pocket 2004.

L'avenir n'est pas écrit, avec Albert Jacquard et en coll. avec Fabrice Papillon, Bayard, 2001 ; Pocket, 2004.

Raisonnable et humain ?, Nil éditions, 2004 ; Pocket, 2006.

Bioéthique et liberté, avec Dominique Lecourt, PUF, coll. « Quadrige », 2004.

Doit-on légaliser l'euthanasie ?, avec André Comte-Sponville et Marie de Hennezel, Éditions de l'Atelier, 2004.

Le Secret de la salamandre, la médecine en quête d'immortalité, avec Fabrice Papillon, Nil éditions, 2005 ; Pocket 2007.

Comme deux frères, avec Jean-François Kahn, Stock, 2006 ; Points Seuil 2007.

L'Homme, ce roseau pensant. Essai sur les racines de la nature humaine, Nil éditions, 2007.

Vivre toujours plus ?, avec Roger-Pol Droit, Bayard, 2008.

L'Homme, le Bien, le Mal, avec Christian Godin, Stock, 2008.

Axel KAHN

avec la collaboration de
Caroline Glorion

L'ULTIME LIBERTÉ ?

Plon
www.plon.fr

ISBN : 978-2-259-20226-7

Introduction

Un moment vient, dans l'évolution des maladies, où il n'est plus possible de guérir un malade. Pour autant, le médecin est loin d'en avoir alors terminé avec sa responsabilité. Impliqué dans la relation humaine et thérapeutique avec son patient, il se doit encore de le soulager, et cette exigence l'emporte de loin sur celle de prolonger sa vie de quelques jours. En France, la loi Leonetti, relative aux pratiques médicales en fin de vie, m'apparaît réaliser un excellent compromis et est, sans doute, la meilleure de celles abordant cette question dans les pays européens.

Néanmoins, en dépit du vote de cette loi en 2005, le débat sur la légalisation de l'euthanasie reste très vif dans notre pays. Chaque nouvelle affaire médiatisée réactive dans un climat émotionnel intense la question de ce « droit de mourir dans la dignité », expression employée par l'association éponyme (ADMD) et fer de lance de ce combat que je respecte mais dont je récuse l'apparente évidence. Les militants de l'ADMD et leurs partisans s'inscrivent clairement dans la pensée stoïcienne exigeant que l'on reste maître de sa vie, toute sa vie durant et jusqu'à son terme.

Il s'agit d'une philosophie ancienne, antérieure de plusieurs siècles à notre ère. Superbement illustrée par les exemples de Sénèque, de Marc Aurèle et de bien d'autres, elle a toujours eu des adeptes. Pour eux, perdre la maîtrise de son existence alors que l'on entre dans une phase où s'estompe la dignité et où la vie risque de devenir un poids, ne pouvoir choisir de mourir équivaut en effet à ne pas garder le contrôle de soi et de son existence jusqu'à en déterminer la fin, revient à devenir dépendant de la volonté d'autrui. Face à ce courant puissant se situent ceux qui, à l'inverse, brandissent le principe de la vie à tout prix, même à celui de souffrances insupportables pour celui qui survit. J'entends leurs arguments, parfois je vois les étendards sous lesquels ils s'enrôlent en clamant que la vie est sacrée, n'appartient qu'à Dieu, et que personne n'est habilité à l'interrompre, que le respect de la vie est la valeur éthique essentielle quel qu'en soit le coût pour celui qui la supporte.

Aux partisans d'une euthanasie revendiquée comme la liberté ultime d'une personne soucieuse de sa dignité, je demande si cette liberté est bien réelle et si la meilleure manière de la respecter n'est pas de rétablir les conditions d'un choix authentique. À leurs adversaires, je rétorque que, pour ma part, un discours basé sur la valeur de la vie en soi, établi en dehors du sujet, c'est-à-dire indépendamment du sentiment personnel qu'il en a, ne saurait avoir de valeur universelle, en particulier pour tous ceux qui ne se réclament d'aucune transcendance et revendiquent leur autonomie. De plus, cette optique m'est totalement étrangère puisque je n'ai aucun doute métaphysique, ni religieux. Ma non-croyance est dépourvue de toute hésitation et de tout remords.

Je suis, au plan intellectuel, hérissé par le schématisme manichéen du débat qui met ici face à face les amis de la libre-pensée et les croyants dans une opposition dont je récuse les prémices.

Je me suis donc engagé dans ce débat car il me semble qu'une question aussi grave que celle-là mérite d'être traitée sans simplisme polémique. Elle relève de la tragédie au sens propre du terme, c'est-à-dire d'un ensemble de situations auxquelles il n'y a pas de solutions heureuses. Il n'existe que des issues tristes, même si elles le sont plus ou moins, bien entendu. La condition de celui qui demande à mourir est en général tragique, et je supporte difficilement qu'on aborde ces situations d'une infinie complexité, tragiques ai-je dit, avec une espèce d'alacrité militante qui conduit à remplacer l'argumentation, l'hésitation, la tension, par le colportage de certitudes polémiques, voire même par l'édification des situations individuelles en démonstrations médiatiques de l'évidence d'une des thèses. Ce que l'on observe aujourd'hui assez souvent me choque, et il me semble par conséquent nécessaire de tout remettre à plat, de s'efforcer à un peu de profondeur.

Mais tout d'abord, je voudrais partager mon expérience d'homme et de médecin. Car ma réflexion sur cette question de la fin de la vie hâtée est ancrée depuis des années au cœur d'événements et d'expériences personnelles intenses, douloureuses et intimes.

1

Les racines d'une pensée

Le suicide de mon père

L'euthanasie, « la bonne mort[1] », s'applique uniquement à des personnes qui demandent à mourir mais qui, étant dans l'incapacité d'agir en ce sens, demandent à autrui de les y aider. Or, demander à mourir, c'est désirer se suicider.

À ce stade, j'ajoute immédiatement que j'exclus de ma réflexion l'accompagnement médical de la fin de vie. Je m'explique. Il existe des maladies cruelles, graves ; la médecine ne sait pas encore toutes les guérir, et tout le monde convient que, lorsque le médecin n'est plus capable de parvenir à la guérison, il se doit de soulager toutes les

1. Euthanasie a pour étymologie les mots grecs *eu* : bon et *thanatos* : mort, donc la « bonne mort ». La première utilisation du mot nous vient du philosophe/homme politique anglais du début du XVIIe siècle, Francis Bacon.

douleurs, qu'elles soient physiques ou psychiques. Lorsque la seule possibilité de parvenir à un soulagement suffisant est de prescrire des médicaments dont on sait qu'ils vont abréger la vie, nous nous trouvons, selon moi, dans le cadre normal de l'exercice de la médecine dans des conditions particulières. C'est pourquoi j'exclus cet aspect de toutes mes réflexions sur l'euthanasie ; quand je parlerai de cette dernière, c'est à propos de personnes qui, pour toutes sortes de raisons, demandent qu'on les fasse mourir ou qu'on les aide à se donner la mort elles-mêmes : suicides assistés ou demandes à un professionnel d'accomplir un acte dont la finalité et le résultat sont d'abréger leur vie, alors même qu'il eût été possible de les soulager par d'autres moyens.

La résonance avec le suicide *stricto sensu* s'impose au total comme une évidence. Cette question me concerne avec une acuité et une gravité particulières. Mon père, âgé de cinquante-quatre ans, s'est suicidé alors que moi-même j'en avais vingt-six. Cet épisode, tout ce qui l'a entouré, m'a profondément marqué, m'amenant à m'interroger sur le suicide en lui-même, sur le geste de mon père et sur la liberté qu'il recelait. Quelle est donc cette liberté de ceux qui, dans différentes situations, demandent à mourir et désirent qu'on les y aide, que l'on mette fin à leur vie ou bien qu'on les assiste ?

Cet événement fondateur a donc nourri depuis des années ma réflexion. Jean Kahn, mon père, pour des raisons que j'ai eu l'occasion de rapporter et d'analyser dans des ouvrages antérieurs[2], un matin de printemps, le 17 avril 1970 précisément, se rend à la gare Saint-Lazare pour y prendre un train pour Rouen. À hauteur de Mantes-la-Jolie, alors que le train roule à pleine vitesse, il se jette sur la voie. Auparavant, il avait pris soin de laisser des lettres à différentes personnes, dont une qui m'était destinée. Il a accompli ces deux actes librement, celui d'écrire ces lettres puis celui de choisir de mettre fin à ses jours en se jetant d'un train. Liberté apparente car j'ai compris plus tard qu'il avait suivi la seule route qu'il lui semblait possible d'emprunter au moment où il a pris cette décision : celle de la fuite, en quelque sorte.

Imaginons qu'en gravissant les marches qui conduisent à la gare Saint-Lazare ce jour-là, moi-même, un de mes frères, ou bien sa compagne du moment ait rencontré Papa. Le voyant manifestement soucieux, il eût été facile de l'interroger sur son état, ses intentions. Mon père aurait pu alors indiquer la raison pour laquelle il ne voyait pas

2. *Raisonnable et humain ?*, Nil éditions, 2004 ; *Comme deux frères*, avec Jean-François Kahn, Stock, 2006.

d'autre solution que de mettre fin à ses jours tant il lui était difficile de surmonter la situation qu'il avait à vivre. Il aurait sans doute pu formuler qu'il n'imaginait aucune alternative. Alors, cette personne, son fils, une amie, une compagne, aurait pu engager le dialogue. Dire à son tour sa compréhension, sa sympathie, mais aussi l'inciter à la réflexion.

Bien entendu, la vie d'une personne lui appartient plus qu'à quiconque d'autre et je n'invoque pas ici un devoir de vivre envers ses enfants, mais plutôt la nécessité de s'interroger sur les conséquences pour eux de ses actions tout comme celle d'entendre l'argumentation énoncée par un proche. La force de l'amour, filial ou autre, peut alors entrer en résonance avec l'énergie de la personne suicidante et lui permettre de réaliser ce que, seule, elle considérait comme impossible, c'est-à-dire de franchir des obstacles qui semblaient infranchissables. Dans le cas de mon père, imaginons que la scène se soit passée ainsi. Qu'une rencontre, fortuite ou non, lui ait permis de ne point être seul face à son choix. On peut se dire qu'alors Jean Kahn aurait eu la possibilité de considérer les autres solutions qui lui étaient proposées, de les confronter à sa détermination antérieure, et de faire un choix.

Au moment de la mort de mon père, je l'ai dit, j'avais vingt-six ans, et les principales questions que je me suis posées ne portaient guère sur ces relations entre la liberté et le désir de mourir. Mes interrogations furent intimes, personnelles : comment se fait-il, alors que nous, ses trois fils, l'aimions tant, que nous ne nous soyons pas avisés qu'il était si malheureux jusqu'à désirer mourir ? Un grand désespoir s'empara de nous. Mon père nous avait tant donné et nous, ses enfants, n'avions pu l'aider.

Étant celui auquel mon père avait écrit, j'en conçus des interrogations auxquelles je ne répondis que bien plus tard. Dans la lettre qu'il me laissait, il écrivait : « Tu es, de mes trois fils, le plus capable de faire durement les choses nécessaires », et il terminait sa lettre par « Sois raisonnable et humain »… Que veut-il dire par là ?, me disais-je. Croit-il à ce point que ma dureté d'âme me prédispose à faire durement les choses nécessaires ? S'est-il senti de ce fait obligé, juste avant de mourir, de m'enjoindre d'être raisonnable et humain parce qu'il craignait que je ne le fusse pas ? Pour le jeune homme que j'étais, ces questions furent à ce point douloureuses et perturbatrices qu'elles laissèrent peu de place à la philosophie. Beaucoup plus tard, j'ai pu réfléchir et établir des correspondances entre cet épisode, d'autres également personnels où j'ai accompagné dans la mort des membres de ma famille, et mon expérience de médecin confronté à la fin de vie.

Mon expérience de médecin

Avant de diriger un laboratoire de recherche puis de devenir le président d'université que je suis aujourd'hui, j'ai été un médecin, un vrai médecin qui soigne des malades, et j'ai toujours exercé dans des disciplines s'attachant à des maladies graves, cruelles : l'hématologie, la cancérologie, la réanimation polyvalente, où l'on prend en charge quotidiennement des polytraumatisés, des tentatives de suicide ou des victimes de tentatives d'homicide. Si bien que je fus moi-même, des dizaines de fois, face à cette situation de fin de vie et que j'eus à m'interroger, en de nombreuses circonstances, sur la nature du message que m'adressaient des personnes lorsqu'elles demandaient à mourir, parfois m'invitant de façon explicite à abréger leur vie.

Quelque temps avant le suicide de mon père, alors que j'étais interne de garde à l'Hôtel-Dieu, je vois arriver un soir aux urgences un jeune médecin de trente ans, sur ses pieds, encore bien et en pleine possession de sa conscience. « J'ai pris 250 comprimés de tel produit » (en fait un antidépresseur qui, à ces doses-là, ne pardonne pas), me dit-il. « Je sais que je vais mourir, mais, maintenant, je ne le veux plus, alors fais ce que tu peux. » Je me suis battu de toutes mes forces, avec toute mon énergie pour que son droit à changer d'opinion soit respecté. Nous ne maîtrisions pas à l'époque certains moyens thérapeutiques aujourd'hui disponibles et, malgré mes compétences, ma volonté farouche de le sortir de son état, il est mort dans mes bras. De nos jours, peut-être l'aurait-on sauvé, mais à l'époque, nous n'avons rien pu faire ! Cet homme était-il libre, lui qui avait pris une décision qu'il n'avait pas la possibilité de révoquer quand bien même il la regrettait ? Pour la première fois, j'ai touché du doigt combien cette notion de liberté de mourir était singulière.

À quel moment mon confrère avait-il été libre ? En décidant de mourir ? Ou alors en se ravisant et demandant à vivre, mais en n'ayant plus la possibilité d'être sauvé ? Ma longue expérience de médecin réanimateur m'habitua donc à recevoir des filles et des garçons, des hommes et des femmes qui, après avoir cherché à mourir, manifestaient un goût extraordinaire pour la vie. Comme tout Français, la nouvelle du suicide du couple formé par l'ancien ministre et maire de Clermont-Ferrand, Roger Quilliot, vieillissant et malade, et par sa femme,

Claire, me toucha. Le premier mourut et la seconde survécut quelques années durant lesquelles elle apprécia intensément ce répit qui lui permit de témoigner de son amour pour son compagnon disparu.

Plus tard, alors que j'étais chef de clinique en hématologie à l'hôpital Beaujon, j'eus à vivre un autre épisode qui reste gravé dans mon esprit. Je suivais depuis quelques années une jeune fille de dix-huit ans atteinte d'une maladie grave, une leucémie aiguë lymphoblastique diagnostiquée à l'âge de onze ans. Elle était hospitalisée une fois de plus après une huitième rechute. Nous n'avions plus guère de traitements à lui proposer et pourtant je me rappelle fort bien, presque mot pour mot, ce qu'elle me dit alors : « Docteur Axel – elle m'appelait ainsi –, je sais bien que je vais mourir mais je ne veux pas, voilà ! Faites donc votre devoir ! »

Enfin, il y a quelques années, invité sur le plateau d'Arte à l'occasion une émission de télévision consacrée à la question de l'euthanasie, je visionnai les deux reportages qui introduisaient le débat. Le premier racontait l'histoire d'un homme atteint d'un *Locked-in syndrome* après un accident vasculaire du tronc cérébral. Pleinement conscient, il était incapable d'esquisser le moindre geste. Seuls certains muscles de son visage lui permettaient d'actionner ses paupières. Grâce à ces battements d'acquiescement et selon un code établi avec ses proches et les soignants qui lui présentaient des lettres et des mots, il parvenait à communiquer et à se faire comprendre. Cet homme, on peut l'imaginer, ne supportait plus cette prison intérieure et avait demandé maintes fois que l'on interrompît ses jours. La loi ne le permettait pas, mais les médecins s'étaient résolus à permettre un transfert sanitaire dans un pays où l'euthanasie était possible et encadrée par la loi. Tout était prévu, la date, l'heure, et l'ambulance était commandée.

Juste avant son transfert, cet homme d'une cinquantaine d'années, patiemment et humainement accompagné dans sa démarche par les médecins qui s'occupaient de lui, reçut une lettre collective de ses enfants, dont je reconstitue les termes de mémoire.

« Papa, voilà, on t'écrit. Les médecins nous ont dit ce que tu voulais faire et, bien sûr, il n'est pas question de s'y opposer, c'est ta volonté, ta décision et non la nôtre. Mais puisque tu fais ce choix, nous désirons tout de même que tu saches ce que nous en pensons, nous tes enfants, parce que tu comptes pour nous. Nous venons te voir régulièrement, pas assez sans doute, mais nous venons quand même et nous tenons à toi. Tu ne peux rien nous dire ou si peu, si imparfaitement, mais nous savons que tu nous entends et que tu nous comprends. Là-dessus nous n'avons aucun doute. Si bien que nous avons plaisir à te raconter nos succès, nos échecs, nos espoirs, nos frayeurs mais aussi à te donner des nouvelles des petits derniers, des plus grands, de leurs réussites aux examens, au baccalauréat... Et l'idée que tu entends ces récits et que tu t'y intéresses nous est chère. Papa, il faut que tu saches cela. Nous, si ce n'était que nous, mais c'est de toi dont il s'agit, on le reconnaît, on préférerait que tu ne meures pas. » Et cet homme, de ce battement de paupières qui lui permettait de se faire comprendre, demanda que l'on annulât le transfert sanitaire qui était prévu, et il vécut encore un an et quelques mois.

Au cours de la même émission, un autre sujet traitait de l'histoire d'un jeune homme atteint du sida à un stade avancé. Tourné en Suisse où l'euthanasie n'est pas autorisée mais où le suicide assisté n'est pas réprimé, ce reportage nous présentait tout d'abord l'un de ces appartements mis à disposition par les associations aidant les personnes qui en font la demande à passer de vie à trépas : une chambre agréable, un lit coquet, des fleurs disposées sur une table et de la musique douce en fond sonore. Sur une tablette, à côté du lit, la caméra nous montrait un verre et des comprimés, et la voix off expliquait que les doses mises à disposition permettaient à celui qui les ingérait de s'endormir pour ne plus se réveiller. Vint ensuite le témoignage du jeune homme atteint du sida et traité par trithérapie.

Il avait choisi le suicide assisté et répondait aux questions du journaliste quelques jours avant la date qui avait été fixée. « Vous savez, expliquait-il, il faut vous rendre compte de ce qu'est ma vie. Je prends 90 comprimés par jour[3]. Mon corps, de plus en plus, se déforme ; voyez, mes joues sont creuses, j'ai des bourrelets de graisse partout sur le corps, je deviens hideux. J'ai encore des infections en permanence, j'ai des aphtes plein la bouche, je n'arrive plus à boire ni à manger et je sais que demain ce ne sera certainement pas mieux, peut-être même pire. Vraiment, je n'en peux plus ! Comment voulez-vous que je désire continuer cette vie rythmée par l'absorption de médicaments, une vie qui ne m'apporte que de la douleur et même pas d'amour ? » Le journaliste l'interrompt : « Mais, s'il y avait de l'amour ? – Ah ! s'il y avait de l'amour,

3. À l'époque de cette émission, nous étions au début des traitements par trithérapie, beaucoup plus légers aujourd'hui.

alors là ce serait différent. » Cette réponse est fulgurante dans sa clarté et son évidence.

Le désir de mourir

Le désir de mort est naturel. Quelqu'un qui, au cours de sa vie, n'aurait jamais voulu mourir serait sans doute un malade mental. Nous avons connu pour la plupart d'entre nous, dans notre vie réelle ou dans nos rêves, ces moments où l'idée de mettre fin à nos jours nous a effleurés. Et cela à tous les âges. Chez les enfants, c'est fréquent, chez les adolescents aussi, et bien entendu chez les vieillards. La psychanalyse a, ô combien, étudié ce désir, cette pulsion de mort, *thanatos*, qui serait avec *eros* l'un des constituants de la psyché de chacun d'entre nous.

Tout être humain peut connaître ces moments d'accablement durant lesquels les problèmes qu'il doit résoudre, les épreuves qu'il lui faudrait surmonter lui paraissent au-delà de ses capacités. On préfère imaginer de passer son tour et, en réalité, de passer tous les tours, et définitivement ! « Je n'y arriverai jamais donc autant en finir ! »

Fréquentes sont les situations de désespoir, réversibles, car, cela est heureux, tous les gens qui ont des idées de suicide ne passent pas à l'acte. Cependant, même dans la vie normale, il y a des moments où on aspire à une paix absolue, une mort un peu fantasmée. Cette oscillation entre pulsions de vie et de mort pourrait être essentielle pour nous permettre de surmonter l'épreuve de la connaissance d'une mort certaine. *Homo sapiens* est en effet, sans doute, le seul primate, le seul mammifère, qui ait conscience de sa mort inéluctable. Un tel savoir véhicule une potentialité d'angoisse terrible que nous partageons tous, elle débouche par instants, par épisodes, sur le désir d'en finir : échapper à la terreur de la mort en mourant pour de vrai. C'est l'un des constituants de l'édification de toutes les personnalités, je puis de ce fait en témoigner, moi aussi. Les idées de suicide ne m'ont pas épargné.

Je n'ai moi-même jamais fait de tentatives de suicide, mais à l'âge où pas mal d'adolescents passent à l'acte, j'étais totalement obsédé par l'idée de cesser de vivre. Enfant, j'ai été élevé par une nourrice et ma mère m'a repris avec elle vers l'âge de cinq ans ; mais quelques années après, mes parents se séparèrent, dans une atmosphère très conflictuelle. Je me les rappelle, face à face, adultes immenses et hostiles, le verbe haut, et moi petit enfant terrorisé de voir ces montagnes d'humanité en train de s'affronter. Mes parents m'adoraient tous deux mais ils ne s'aimaient plus, leur séparation me bouleversait. Le désir de mourir, dans les années qui ont suivi, relevait, me semble-t-il, du désir de les punir, de leur signifier : « Vous voyez ce que vous m'avez fait ! C'est vous qui m'avez conduit à vous punir en mourant. » Car, sans doute, si je m'étais tué, ils eussent été en effet bien punis. Ces ressorts de certaines tentatives de suicide à l'adolescence sont classiques, je les ai expérimentés.

Une autre fois, banale elle aussi, et bien après, j'ai de nouveau éprouvé ce sentiment de vouloir en finir. Après huit années de vie commune avec une femme dont j'étais très amoureux, nous décidons de nous marier. Quatre mois après le mariage, ma toute récente épouse s'en va avec un autre monsieur ; c'était sans conteste son droit. Resté seul dans l'appartement conjugal au cinquième étage d'un immeuble parisien, je restai éveillé durant toute une brève nuit d'été, en juin 1995, assis sur mon lit face à la fenêtre ouverte, comme attiré par le balcon et au-delà, et je passai ces longues heures à m'interroger : vais-je jusqu'au balcon ? enjamberai-je la rambarde ?

Ce n'était pas la première fois que j'étais ainsi enfermé dans un dilemme de ce style m'amenant à douter de mon désir de vivre. Je me rappelle en particulier un épisode où, après une violente querelle, dans un train me ramenant des sports d'hiver, je me trouvai submergé par cette pulsion de vouloir en finir. Debout face à la porte du wagon qui donne sur la voie, semblable à celle par laquelle mon père s'était jeté, j'étais allé jusqu'à l'entrouvrir, à m'approcher, à laisser l'air fouetter mon visage. Mais voilà, si l'idée d'une mort désirable m'effleurait, j'avais gardé aussi à l'esprit des pensées d'une lucidité intacte : « C'est épouvantable, mes enfants ne vont pas supporter ça. Je ne peux pas leur faire revivre ce que moi-même j'ai vécu. »

C'est la permanence de la pensée qu'une autre issue que le suicide m'était offerte qui préservait ma liberté. Imaginons que le désespoir eût été trop grand – du conflit entre mes parents et de leur séparation, du mal-être et du mal-vivre liés à l'affrontement et à l'abandon –, alors je serais passé à l'acte, n'ayant plus le choix. En aucun cas cela n'eût été la manifestation de mon ultime liberté, il se serait agi à l'inverse de ma soumission à des forces implacables auxquelles je me serais senti incapable de résister.

Ainsi en fut-il, je l'imagine, de Jean Kahn en 1970, de mon collègue médecin dépressif que je n'ai su sauver à la même époque, du jeune Suisse atteint du sida qui, sans amour, ne voyait plus de raison de vivre ainsi. Ils n'avaient guère plus le choix que la jeune fille leucémique en rechute terminale. En revanche, une alternative a été rétablie en ce qui concerne le malheureux père paralysé, comme elle a toujours été présente dans les épisodes plus personnels que j'évoque. À l'évidence, l'ultime liberté se situe presque toujours au-delà de la liberté, c'est-à-dire s'exerce lorsque l'on a cessé d'être libre.

2

Les termes du débat

La « nouvelle mort »

La question de savoir s'il convient de hâter le moment de la mort en fin de vie se pose aujourd'hui avec beaucoup plus d'acuité que jadis. D'abord, on vit de plus en plus vieux, on meurt de moins en moins brutalement. Les malades ou les personnes âgées connaissent tout au long de leur maladie ou de leur fin de vie une phase de chronicité, celle du vieillissement ou de l'affection dont ils sont atteints. En d'autres termes, la médecine dispose de tout un arsenal thérapeutique qui permet de stabiliser un état sans pour autant pouvoir l'améliorer ni éviter durablement une dégradation fatale. Cette phase de chronicité d'un état non désirable est de nature à démultiplier le désir d'arrêter là les frais, d'en finir de manière accélérée.

Ensuite, au moins dans les sociétés occidentalisées, la mort a perdu ce qu'elle conservait de valeur positive. En tant que rite de passage d'une haute signification religieuse entre une vie terrestre et un état sans doute plus désirable dans l'au-delà, elle offrait et continue d'offrir, ici et là, bien des consolations aux croyants. Cependant, force est de constater que cette valorisation du trépas et le réconfort qui s'ensuivait ont disparu presque partout. Nous sommes dans une société laïque, et même s'il est des gens qui ont encore foi en la vie éternelle et belle après la mort, ils deviennent rares, au moins à s'en trouver consolés de s'éteindre et de voir disparaître les êtres chers.

Enfin, il faut se rappeler que, autrefois, dans la France chrétienne, l'idée même de chercher à se tuer était repoussée avec horreur ; le suicide, pour l'Église, était le pire des crimes, bien plus grave que l'assassinat d'un tiers car, conformément à la doctrine chrétienne, on peut se repentir de ce dernier et non d'une agression réussie contre sa propre vie. L'Église était beaucoup plus sévère envers les suicidés qu'envers les criminels. Jusqu'à il y a peu, les obsèques religieuses étaient refusées aux suicidés.

Au total, toutes les raisons qui rendaient peu concevable l'idée de hâter sa propre mort – elle survenait bien assez vite –, de même que la

« démonisation » du suicide par l'Église, se sont atténuées. Dans le même temps, ce qui pouvait consoler certains de la mort, c'est-à-dire sa vision comme un passage vers un monde meilleur, a perdu toute efficacité, au moins dans notre Occident laïque et matérialiste.

« Les » euthanasies

La confusion s'installe dans le débat dès lors que l'on évoque les situations qui abrègent la vie. Elles sont pourtant bien différentes les unes des autres.

La première d'entre elles, l'accompagnement médicalisé que j'ai déjà évoqué, se définit par l'ensemble des gestes et des pratiques constitutifs des « soins palliatifs ». Tous les moyens sont alors réunis pour tenter de soulager, d'atténuer au moins les détresses, les douleurs physiques et morales. Lorsque le désespoir, l'épouvante, la souffrance résistent à ces moyens, l'équipe médicale peut être amenée à prescrire des mesures et produits dont l'une des conséquences sera d'abréger la vie.

Selon moi, je l'ai déjà dit, il ne s'agit pas là d'une question difficile à résoudre ; un médecin demeure en effet dans l'exercice normal de sa profession, investi d'un devoir prioritaire, celui de soulager son patient alors même qu'il ne peut plus le guérir.

La deuxième situation, celle de l'euthanasie passive, concerne les cas où se pose la question de l'acharnement thérapeutique. Les malades ne survivent que grâce à la mise en œuvre de moyens lourds, voire héroïques : réanimations cardiaque et respiratoire, respirateurs et stimulateurs, administration de produits multiples, alimentation parentérale par sonde intestinale ou gastrique, et perfusions intraveineuses continues. Survient le moment où tous les paramètres analysés indiquent que les chances que la personne soit ramenée à une vie autonome et relationnelle sont infinitésimales, voisines de zéro. Convient-il alors de privilégier une existence artificielle et technicisée si l'on n'est pas convaincu que la vie, y compris dans cette condition, soit sacrée en elle-même ? Faut-il préférer ce scandale, maintenir le battement du cœur de quelqu'un qui plus jamais ne respirera seul, ne sera conscient et autonome, apte à une vie relationnelle ?

Alors, l'équipe médicale prend la décision d'arrêter à ce stade toute réanimation, ce qui, chacun le sait, interrompra du même coup la vie. Mais on n'agit pas ainsi dans le but de tuer, on le fait parce qu'en aucun cas la poursuite de la réanimation ne permettrait de rétablir une vie relationnelle et autonome. Au-delà commence l'acharnement thérapeutique, c'est-à-dire l'action sans perspectives, dont l'objectif est devenu inaccessible, l'entêtement absurde. Celui qui débranche un respirateur, les perfusions, ôte des sondes ne le fait pas pour provoquer la mort, il reconnaît avec humilité qu'il est parvenu aux limites de sa capacité de soigner et qu'il ne peut plus rien pour son patient.

Enfin, l'euthanasie active se pose en d'autres termes. Il s'agit là de faire un geste dont la nature – injection intraveineuse ou administration par la bouche de produits létaux – indique que l'indiscutable finalité n'est pas de soulager mais d'interrompre la vie. Dans certains cas, un homme, une femme au terme de son existence, se sachant perdu à court terme, peut demander que l'on provoque la mort sans tarder. Cette personne est autonome, consciente, et considère que seule une telle action la libérera de souffrances morales ou physiques qu'elle n'imagine pas pouvoir soulager autrement. Cependant, dans l'immense majorité des cas, dans les hôpitaux, les gestes d'euthanasie active obéissent à une décision, répondent à une préférence de la famille et des médecins. L'agonisant ne demande en général pas à mourir. Inconscient, même s'il râle, il ne souffre le plus souvent plus. Le spectacle d'une agonie qui se poursuit est pourtant intolérable pour la famille. Intolérable. Ce ne sont alors plus les souffrances de la personne qu'on interrompt par euthanasie active, ce sont celles de la famille.

Un autre ressort, rarement évoqué, de l'euthanasie active à l'hôpital est le malaise que provoque chez le médecin le spectacle prolongé d'un patient incurable, en phase terminale, mais vivant. Cette personne ne peut plus être guérie mais elle s'obstine à ne pas mourir, elle est vécue par certains comme un reproche de tous les instants, un témoignage de l'impuissance de la médecine, qui devient insupportable, un autre scandale, en somme. Même s'ils ne se l'avouent pas toujours, les soignants considèrent sans doute parfois que la mort de ces personnes est un soulagement, sinon pour elles, au moins pour eux.

Enfin, je souhaiterais évoquer la notion de suicide assisté que l'on peut assimiler à un intermédiaire entre l'euthanasie active et le suicide. Ce dernier correspond au geste d'une personne qui prend sur elle de se donner la mort. L'assistance au suicide est revendiquée par des personnes qui, pour des raisons soit physiques de handicap, soit psychologiques, parce qu'elles n'en ont pas le courage, ou enfin par peur de se rater, préfèrent de ce fait confier la tâche à un « professionnel », demandent qu'on mette à leur disposition et qu'on les aide à s'administrer les produits létaux efficaces.

Ces situations apparaissent bien distinctes à quiconque s'efforce de réfléchir avec sérieux et exigence aux circonstances dans lesquelles une action médicale ou l'aide d'un tiers aboutit à hâter le moment d'une mort proche. Je récuse la thèse selon laquelle il n'existerait dans le fond aucune différence de nature entre les attitudes de médecins qui augmentent les doses de calmants, conscients de ce qu'ils vont abréger la vie, qui injectent du chlorure de potassium ou tout autre produit létal dans les veines, ou bien encore qui débranchent le respirateur artificiel afin d'éviter un acharnement thérapeutique sans perspective. Pour moi, les différences entre ces gestes, dont l'issue est la mort, sont essentielles.

Le réanimateur qui reconnaît son impuissance ne veut pas s'arroger la puissance de tuer : il ne fait qu'admettre les limites de son pouvoir. Le praticien qui s'efforce de soulager en prenant le risque d'abréger la vie fait son devoir, il ne le fait pas pour donner la mort. Bien entendu, je l'ai dit, entre le devoir de prolonger la vie souffrante et celui d'atténuer les souffrances, le second est autrement plus important que le premier.

En revanche, le soignant considérant qu'il est dans ses attributions de décider d'un geste dont l'intention est d'interrompre une vie, ne pouvant être abrégée que par ce moyen, pose une question d'un tout autre ordre. Il s'agit dans ce cas de décider qu'il convient d'élargir le spectre des objectifs assignés à la médecine : aider les femmes à donner la vie, soigner, guérir, à défaut soulager, mais aussi parfois mettre un terme à la vie. Cela mérite une réflexion qui ne s'arrête pas au rappel de pétitions de principe basées sur de pseudo-évidences.

3

« Liberté » et « Dignité »

Les termes utilisés, les expressions à la mode employées lorsqu'on aborde le débat autour de l'euthanasie entretiennent la confusion et sont d'une ambiguïté considérable. Celui de « l'ultime liberté » en premier lieu puisqu'il ne s'agit, comme je vais tenter de le démontrer plus avant, que rarement d'une liberté.

Celui de « mourir dans la dignité » l'est tout autant car, selon moi, on n'est pas indigne parce que l'on va mourir de l'évolution d'un mal, de vieillesse, et non de sa propre action.

L'ultime liberté ?

La question du suicide assisté est vieille comme la philosophie et renvoie, nous l'avons vu, à la volonté de maîtriser son être et ses décisions jusqu'à sa mort. Dans cet esprit est né l'idéal de l'ultime liberté : rester maître de soi, maître de mourir, et ne pas se laisser aller à la décision de tiers. Cet exercice de la liberté ultime de mourir quand on le veut et comme on le choisit est revendiqué par de nombreux courants philosophiques depuis la plus haute antiquité ; les suicides stoïques émaillent l'histoire romaine. La conséquence de cette liberté, indiscutable en ce qu'elle ne remet nullement en cause la liberté d'autrui, demeure singulière, puisqu'elle implique une radicale dépossession : si la liberté repose sur la revendication ou l'illusion du libre arbitre, la mort marque l'interruption définitive de ce dernier et, par conséquent, le deuil de toute liberté.

C'est un paradoxe apparent puisque la liberté inclut sans conteste, pour une personne, celle d'abdiquer son indépendance et de s'en remettre à autrui. Le principe d'une révocabilité possible de la décision préserve l'une des qualités de la liberté, celle d'exprimer l'autonomie du sujet. Une telle autonomie n'est en effet compatible avec l'aliénation de la liberté que s'il est possible ensuite de la recouvrer, c'est-à-dire au moins d'être vivant. Lorsqu'un(e) amant(e) déclare à son (sa) partenaire « je suis à toi pour toujours, l'ombre de ton ombre, ta chose », il (elle) ne reste libre qu'à la condition d'être en mesure de changer d'avis, ce qui est la règle lorsque le couple reste vivant !

C'est pourquoi, d'un point de vue philosophique, la notion d'une liberté ultime, celle de décider de mourir, mérite d'être questionnée. Sa caractéristique principale est que, en réalité, elle ne témoigne que de façon exceptionnelle du libre arbitre authentique d'un être autonome car elle émane presque toujours d'une personne pour qui la vie est devenue insupportable et qui estime qu'elle n'a d'autre choix que de l'interrompre. C'est là tout à fait le contraire d'une liberté. Il convient, une fois pour toutes, de tordre le cou à cette idée selon laquelle la légalisation de l'euthanasie active et du suicide assisté serait de ces conquêtes, de ces libérations glorieuses pour lesquelles on est prêt à se battre parce qu'elles sont un idéal de vie. Ce n'est dans l'intimité des situations individuelles jamais cela et je récuse la vision stoïcienne qui sous-tend cette présentation. Je propose une autre grille de raisonnement.

Première position : la liberté est la possibilité de faire un choix parmi un éventail d'éventualités qui sont également ouvertes et plausibles. Prenons un exemple : c'est une belle matinée de printemps, au mois de juin, et j'hésite sur ce que je vais faire, j'ai le choix entre plusieurs activités. Je suis cavalier, en week-end à la campagne avec mes chevaux. Je peux – c'est ce que je fais dans ces circonstances – aller voir mes bêtes, m'en occuper, les panser, en seller une, aller faire avec elle une belle promenade dans la forêt ou descendre vers la Seine, qui est une petite rivière à cet endroit-là, entrer dans son cours et galoper en faisant jaillir des gerbes d'eau irisées d'arcs-en-ciel éphémères. Je choisis là des activités qui me ravissent. Peut-être déciderai-je plutôt de rester avec ma compagne pour accomplir des menus travaux dans la maison, ou bien encore de me reposer et de lire sur mon terrain, entre la Seine et l'étang où s'ébattent des carpes ventrues et goulues. Mais je puis aussi, puisque je suis à côté de la Seine, prendre la décision d'aller me jeter dans le fleuve là où sa profondeur est suffisante parce que je prends conscience d'avoir déjà beaucoup vécu et que, sans doute, la vie qui m'attend ne sera pas aussi belle que celle que j'ai connue, parce que les années qui me restent à vivre risquent d'être assombries par les maux de l'âge, que le moment viendra bientôt où il me faudra faire mon deuil des femmes, des chevaux, de mon métier, de tout ce que j'aime.

Face à ces possibilités, faire du cheval, ou bien vaquer à des occupations plus tranquilles, ou encore aller me noyer dans un endroit particulièrement profond de la Seine toute proche, j'ai le choix, c'est une liberté. Tout à l'inverse, dans l'immense majorité des cas, les gens qui se suicident ne perçoivent pas, au moment où ils le font, lorsqu'ils en prennent la décision, ce qu'ils pourraient bien faire d'autre.

Prenons l'exemple d'un adolescent ou un post-adolescent qui prend conscience que la vraie vie, le monde tel qu'il est, et non pas celui qu'il a fantasmé, est à mille lieues de ses rêves et de ses espoirs. Le décalage est tel entre l'aspiration et le réel qu'il n'imagine pas inscrire son itinéraire dans cette réalité-là. Face à cette impossibilité, il se suicide. Ou alors, toujours au même âge, un premier amour a créé une relation fusionnelle, de telle sorte que la rupture, quelle qu'en soit la raison, d'ordre sentimental ou liée à la perte de l'autre, à sa mort, entraînera une jeune personne à n'être plus elle-même, incapable de vivre ainsi amputée d'une partie essentielle, constitutive, de son être. Alors, l'amant(e) inconsolable se suicidera. Mais est-ce une liberté ? Une alternative a-t-elle été proposée, entrevue ?

Je veux encore évoquer la situation tragique – et une très grande actrice a connu cela – où des parents perdent un enfant qui était le soleil de leur vie, la joie de tous les jours. Alors vivre avec le souvenir de ces rires d'enfant, de cette tendresse, de cette lumineuse beauté et de ces riches projets devient insupportable si bien que le suicide s'impose comme la seule issue. Des situations sociales difficiles, parfois désespérées, conduisent aussi des pères ou des mères de famille, humiliés de ne pouvoir subvenir aux besoins des leurs, à disparaître, à préférer la mort plutôt que le poids de la vie de misère qu'ils imposent à ceux qu'ils aiment et dont ils se sentent responsables.

Ailleurs, à l'autre bout du monde, c'est un contexte politique, culturel ou religieux qui peut conduire des êtres humains à préférer quitter la vie. Ce fut le cas de ces femmes afghanes qui s'étaient réfugiées en Iran pendant la guerre contre les Russes et la conquête du pays par les talibans et y avaient connu des conditions de vie à l'époque beaucoup plus libres – tout est relatif – et agréables que celles subies chez elles, au temps de la domination talibane et même auparavant. Lorsqu'elles sont rentrées dans leur pays, elles ont retrouvé leur sort d'antan. Pour nombre d'entre elles, cela leur a été insupportable et elles se sont suicidées. En Inde certains suicides sont des crimes masqués – pour des raisons de dot notamment – mais, comme en Afghanistan, cela est d'autres fois ce à quoi sont conduites des femmes qui ne supportent plus leur existence, un destin de malheur qui semble immuable, comme gravé dans le marbre pour l'éternité.

L'excès de malheur fait qu'on se suicide et l'histoire, la grande histoire, nous en donne encore des exemples. Lorsque Christophe Colomb arriva à Hispaniola, c'est-à-dire Haïti et Saint-Domingue, les Amérindiens et les Amérindiennes, raconte Bartolomé de Las Casas, se sont suicidés en masse, car l'avenir que leur réservaient les Espagnols était tel qu'ils préféraient mourir plutôt que de s'y soumettre.

On se suicide aussi parfois parce qu'on s'est tant enfoncé dans le faux-semblant qu'on se sent coincé. C'est le cas des grands menteurs, des grands escrocs. Rappelez-vous l'affaire Jean-Claude Romand, cet homme qui prétendait qu'il était médecin, bardé de diplômes, et qu'il jouissait d'une situation professionnelle mirobolante. Il entretient le mensonge pendant des années auprès de sa famille, de ses proches. Arrive le moment où il risque d'être découvert. Alors, plutôt que de le supporter, c'est-à-dire de lire l'étonnement, la stupéfaction, puis le mépris dans les yeux des autres, il tue son entourage et tente de disparaître lui aussi.

Enfin, pour clore cette série d'exemples de circonstances poussant les individus à préférer disparaître, abordons la situation particulière des personnes âgées. Elles sont les premières candidates au suicide, et parfois au suicide assisté, et leurs motivations sont bien entendu compréhensibles. En maison de retraite, le personnel, même s'il est aimable et bienveillant, subit là plus qu'ailleurs la surcharge de travail. Alors comment supporter cette existence du lit au fauteuil, du fauteuil au lit, le bassin apporté trop tard, les draps souillés que l'on tarde à changer ? Comment se résoudre à n'être plus qu'un fardeau pour ses propres enfants ?

Dans tous les cas que nous venons de passer en revue, parmi la diversité des raisons pour lesquelles on désire mettre fin à ses jours, jamais la liberté n'a été convoquée. JAMAIS. Les gens qui décidaient que le moment était venu d'en finir ne pensaient pas être en mesure de vouloir autre chose que de mourir. Alors lorsqu'on finit par se résoudre à ce qui s'impose à soi, ce à quoi on ne peut échapper, cela s'appelle une contrainte, et en aucun cas une liberté. Par conséquent, je conteste que, dans l'immense majorité des cas, les gens qui demandent à mourir ou bien qui, sans rien demander à personne, se donnent la mort l'aient fait comme une manifestation glorieuse et épanouie de leur liberté.

L'autre élément qui m'amène à être très critique de cette notion d'ultime liberté tient à l'un de ses attributs nécessaires. Pour moi, la liberté consiste à décider de faire des choix et puis parfois, et en réalité très souvent, à changer d'avis. Si, quand je me marie, je sais qu'il est pour toujours impossible que je change de femme, je ne me sens pas libre. Pas plus quand je m'engage dans un métier, si on m'annonce que c'est pour la vie, qu'il me sera interdit d'en exercer jamais un autre. De ce fait, j'ai toujours émis les plus extrêmes réserves, confronté aux décisions irréversibles. Celle de se donner la mort est l'une d'entre elles.

C'est aussi une des raisons pour lesquelles je suis un adversaire résolu, définitif, absolu de la peine de mort ; la justice peut se tromper, elle pourrait désirer réviser son jugement, à une condition cependant pour qu'elle le puisse, c'est qu'elle n'ait pas coupé la tête du condamné entre-temps.

D'ailleurs, l'expérience prouve que bien souvent les personnes qui veulent mourir, et même si elles le veulent avec force et désespoir, qui ont essayé de mettre fin à leurs jours en « y mettant le paquet » mais n'y sont point parvenues, peuvent ensuite éperdument aimer la vie, avec rage, et ne plus jamais récidiver. Voilà une manifestation de la liberté : on peut prendre une décision, puis la modifier

Prenons un cas d'éthique et de déontologie médicale classiques : une équipe de réanimateurs arrive dans une maison où une personne a tenté de se suicider. Elle a laissé, bien en vue, plusieurs écrits datés de plusieurs mois d'intervalle, indiquant : « Ma volonté est de mourir et j'interdis qu'on me réanime. » La date précède la signature suivie elle-même de la mention « sain de corps et d'esprit, conscient de ce qu'il écrit ». L'équipe de réanimateurs doit-elle suivre ces consignes, c'est-à-dire se conformer à la volonté de cette personne, ne pas la réanimer et la laisser succomber ? Pour moi, il n'y a pas d'hésitation possible : il faut réanimer car dans ce cas, et si on y parvient, le suicidant aura par la suite deux possibilités : celle de vivre ou de mourir, d'aimer la vie ou de persister à préférer la mort et passer à l'acte, à nouveau. C'est là un vrai choix. En revanche, s'il meurt, il ne pourra bien sûr plus jamais changer d'avis, si bien que la question du choix – et de ce fait la manifestation ultérieure du libre arbitre – ne se posera plus. Préserver la possibilité d'un choix, la rétablir en évitant tant qu'il est possible toute décision irréversible, est une attitude consubstantielle à l'idée de la liberté.

Rétablir les conditions d'un choix

Lorsqu'une personne demande à mourir parce qu'elle souffre, nous sommes dans une situation d'une banale cruauté ; il est sans conteste obscène de la laisser souffrir, et il convient d'abord de la soulager, à tout prix. Or il existe des situations où on ne peut apaiser les souffrances qu'en abrégeant aussi les jours du malade. Il ne faut pas hésiter à le faire. Même si la conséquence du traitement de la douleur est de hâter la mort, il s'agit toujours d'un acte médical traditionnel destiné d'abord à soulager quelqu'un qu'on ne peut plus guérir mais qu'il convient de soigner.

Dans l'immense majorité des cas, cependant, il est possible d'apporter un soulagement sans interrompre la vie. Quand un patient n'est plus soumis à cette effroyable dictature de la douleur térébrante de tous les instants, alors sont rétablies les conditions d'une alternative ; cette personne sait qu'elle est gravement malade, qu'elle va mourir, mais elle ne souffre plus. Vaut-il mieux en terminer là, ou bien laisser les choses aller quelques jours, quelques semaines encore ? Si la personne condamnée sait que le lendemain peut être l'occasion d'un échange riche sur les plans humain, intellectuel et affectif avec ses proches, les conditions d'une possible liberté sont rétablies.

Prenons l'exemple d'une personne très âgée qui se sent inutile et indigne. Elle se voit comme un poids de nature à enrayer le chemin, à compliquer la vie de ses enfants ou de ses proches. Si cette personne parvient à être convaincue qu'il n'en est rien, que ses enfants, au contraire, ont un réel plaisir à poursuivre l'échange quelques jours de plus, alors le choix est possible.

Imaginons la situation d'une vieille dame. Elle a quatre-vingt-douze ans, réside en maison de retraite depuis bien des années. Son univers est limité à l'espace entre le lit et le fauteuil, elle est légèrement incontinente ; on ne la change souvent pas assez vite lorsqu'elle s'est souillée, et elle reste des heures, honteuse, dans ses draps ou avec ses vêtements sales. Personne ne vient jamais la voir. Cette femme peut désirer mourir parce qu'elle en arrive à se demander pour quelles raisons elle attendrait un lendemain qui ne sera que la répétition de ce qu'elle ne supporte plus. L'aïeule demande donc qu'on en finisse là.

Imaginons encore que son arrière-petite-fille vienne la voir dans ces circonstances. Elle s'assied à ses côtés, prenant dans sa main fraîche de jeune fille la vieille main toute ridée, tremblante, à la peau fine et aux veines saillantes. S'engage alors un échange. « Dis-moi, mémé, comment as-tu rencontré pépé ? Qu'as-tu ressenti, raconte-moi ? Et puis la première fois que tu as su que vous alliez dormir ensemble, vous aimer ? Comment était-ce ? Tu sais, moi je sors avec un garçon et je ne sais pas trop comment m'y prendre. Je voudrais savoir comment c'était de ton temps, et comment tu t'es rendu compte de ce qu'il convenait de faire. »

L'aïeule, alors, se rappelle son premier amour, le raconte avec ses mots à elle ; elle est interrompue parfois par la jeune fille qui demande des détails : « Comment était-on habillé en ce temps-là ? Est-ce qu'on se donnait la main ? Est-ce qu'on se bécotait ? » Et l'arrière-grand-mère répond avec plaisir tout en restant parfaitement consciente que ses jours sont comptés. Si cette rencontre se déroule lundi, cette vieille dame saura qu'elle dispose peut-être encore d'un mardi, d'un mercredi, de quelques jours devant elle, durant lesquels elle pourra espérer vivre des échanges d'une belle intensité avec sa fille ou son fils, leurs enfants et petits-enfants. Alors, il y a de fortes chances qu'elle ne désire plus mourir. Et, même si elle le désire toujours, on a au moins rétabli les conditions d'un choix possible, l'interruption immédiate de la vie ou bien l'attente d'un lendemain désirable, source de témoignages de tendresse, et donc de plaisirs.

Selon moi, poser comme exigence première de rendre possible l'exercice d'une liberté est une évidence humaniste qui repose sur la certitude que celui qui demande à mourir envoie toujours un message d'une extraordinaire gravité. Il demande à être entendu. Il dit : « La vie m'est à ce point insupportable qu'il m'est impossible de ne pas désirer l'interrompre. » Dans cette situation, réintroduire la dimension du libre arbitre exige de rétablir les paramètres d'une vie non seulement supportable, mais aussi désirable.

Une telle position implique qu'il y a liberté, ce qui peut signifier aussi persévérer dans son désir de vouloir mourir. Je ne prétends pas, de ce fait, que plus personne ne demandera jamais que sa vie soit abrégée dès lors qu'auront été reconstituées les conditions d'un choix véritable, c'est-à-dire qu'on aura essayé de redonner des raisons de vivre. J'affirme en revanche qu'une telle attitude est au départ exigible. L'échec d'une proposition à envisager de vivre encore, si vivre devient une perspective potentiellement attrayante, est cependant possible. Il est des cas où la souffrance a pu être calmée et où pourtant la personne persévère dans sa demande de mourir. Même si de telles situations sont rares, elles existent néanmoins. Le tiers sollicité est alors confronté à une décision qui concerne le plus profond de sa conscience.

Ainsi, par amour et par solidarité, des hommes ou des femmes décident d'aider une personne à mourir et l'assistent pour se suicider ou commettent eux-mêmes le geste fatal. Je demande alors que la société prenne en compte le fait que cette transgression – donner la mort à autrui en est une, elle est grave – a en effet été réalisée par solidarité et amour, et que, de ce fait, elle sache pardonner sans céder à un acharnement juridique et procédural – j'y reviendrai plus en détail.

Libres, égaux en dignité et en droits

Je me suis beaucoup interrogé sur le paradoxe de notre société schizophrénique. Pour elle, le critère de l'existence désirable – cela a toujours été un peu le cas, mais est devenu aujourd'hui envahissant – est la vie jeune, belle, séductrice, productive et consommatrice. Or, avec l'allongement de la durée de vie et la diminution de la natalité, les peuples vieillissent et nos sociétés sont constituées de personnes qui, en majorité, ne sont plus ni jeunes, ni, à l'aune des critères que je viens de rappeler, belles. Elles ont cessé d'être productives et, à un moment donné, lors de l'extrême vieillesse, cessent même d'être consommatrices, si ce n'est de fonds publics. Je me pose alors la question : quelle relation y a-t-il entre cette schizophrénie, dans le sens d'une brisure de l'esprit qui observe une réalité et qui fantasme l'image inverse, et la montée en puissance de l'exigence de mourir dans la dignité ? N'en est-on pas progressivement arrivés, dans de larges pans de la société, à considérer que cette vie qui n'est plus jeune, ni belle, ni productive, et même plus consommatrice, n'est de ce fait plus digne, et que mieux vaudrait l'interrompre avant qu'il ne soit trop tard, c'est-à-dire que l'on ait sombré dans l'indignité complète. Revendiquer le droit de mourir dans la dignité avant de sombrer dans l'indignité !

Je suis surpris, voire choqué par la signification du nom que s'est donné « l'Association pour le Droit de Mourir dans la Dignité ». Cela signifie-t-il qu'il existe des gens qui meurent dans l'indignité ? Quels sont-ils ? Les personnes atteintes d'une maladie très grave, qui n'ont pourtant pas voulu mourir avant que le mal ne les emporte ? Les grands vieillards ? Les personnes atteintes de la maladie d'Alzheimer ? Toutes les formes de démence ? Sont-ce là des citoyens indignes ?

L'emploi du mot « dignité » est ici redoutable. Même si là n'est certes pas l'intention des militants de l'ADMD, un tel vocable pourrait conduire à l'interprétation que ces personnes indignes le sont aussi de mériter la sollicitude de la société, si ce n'est pour mettre fin à leurs jours. Or l'indignité ne s'installera-t-elle pas dès lors que la personne s'éloignera des critères de la vie désirable véhiculés par notre société à travers ses médias, sa publicité, l'air du temps ? Le grand âge et la maladie tournent le dos aux icônes de celle-ci : idéal de jeunesse, de beauté, d'efficacité, de force et de productivité. Revendiquer le droit de mourir dans la dignité équivaudrait donc à revendiquer celui de disparaître avant de s'engager dans cette déchéance de l'indignité. De là à l'établir en tant que norme…

Je propose là encore une approche différente du concept philosophique de dignité qui recèle en fait une incroyable complexité. Tout d'abord, la dignité en tant que valeur essentielle ne se prête pas à des opérations mathématiques. On n'est pas deux fois plus digne, deux fois moins digne ; on ne multiplie pas sa dignité par 2 ou on ne la divise pas par 3 en fonction d'un handicap, d'une maladie ou d'un âge très avancé. Une personne peut donc craindre de devenir indigne de l'image qu'elle a de la dignité. Mais je pense qu'elle a surtout peur de se voir comme indigne dans les yeux des autres. Ce sont les yeux des autres, souvent, qui donnent son caractère redoutable à la menace d'indignité. « Comment vais-je paraître ? » Et quand, aux yeux des autres, on devient une loque méprisable et cacochyme, alors on est indigne puisque les autres vous considèrent comme tel. Notre regard sur nous-mêmes n'est jamais indépendant du regard jeté sur nous. Quand on a honte, en réalité, ce dont on a en général honte n'est pas de se voir soi-même mais de se voir tel que les autres vous voient, c'est-à-dire de manière indigne.

Et, en effet, des vieillards ou des malades – peut-être cela m'arrivera-t-il un jour – peuvent considérer qu'ils perdent leur dignité ; mais quand bien même ils le craignent pour eux-mêmes, la société n'a aucune qualité pour l'établir. Mon sentiment personnel m'est propre et doit être respecté comme une opinion. Pour autant, la société doit-elle s'aligner sur elle et se sentir engagée par mon désir de disparaître, convenir qu'en effet la perte de ma dignité le justifie ? Cette dialectique est compliquée, parce que si je me considère indigne, c'est avant tout parce que je me sens rejeté, je ne vois dans le regard d'autrui nul accueil, nulle compassion, nul amour, nul attrait, nulle appétence pour moi. Alors, ne me sentant plus digne de vivre, puisque la société des autres a établi mon indignité, je ne peux pas le supporter et je veux partir.

Je rejoins ici mon raisonnement sur l'ultime liberté que j'accompagne avec force de son point d'interrogation. Les gens qui veulent mourir sont ceux qui finissent par ne pas imaginer ce qu'ils pourraient vouloir d'autre. Il est si important, à ses propres yeux, de valoir aux yeux des autres qu'on ne peut plus supporter l'insignifiance, voire la répulsion réprobatrice que l'on croit distinguer dans leur regard et dont la blessure est cruelle au cœur de soi. Tel m'apparaît être l'un des ressorts essentiels qui conduisent, de peur d'une déchéance annoncée, à préférer mourir.

Cette pseudo-évidence me semble redoutable. La Déclaration universelle des droits de l'homme et du citoyen de 1789 proclame : « Les hommes naissent et demeurent libres et égaux en droits. » Je propose d'enrichir cette déclaration qui deviendrait : « Tous les hommes naissent et demeurent libres et égaux en dignité et en droits. » Si l'on s'accorde sur un tel énoncé, il s'ensuit que personne n'est justifié à contester la dignité de quiconque, sans préjudice de son âge et de son état de santé physique et mental. Dès lors, l'ADMD devrait devenir l'ADM, « l'Association pour le Droit à Mourir », puisque être vivant en soi implique une dignité inaliénable. Mais faut-il un droit pour cela, serions-nous sans lui immortels ?

La maladie d'Alzheimer

Explicitement, sans aucune honte particulière d'ailleurs, j'en donnerai un exemple, certains abordent frontalement la question épineuse de l'augmentation des maladies neurologiques, proportionnelle à l'allongement de la durée de la vie. En effet, après soixante-quinze ans, une personne sur trois, peut-être une personne sur deux, fera une maladie d'Alzheimer ou sera atteinte d'une autre forme de démence sénile, artériopathique, par exemple. Cette estimation implique que, en l'état actuel de la recherche et des traitements disponibles, on peut évaluer sans doute à une dizaine de millions le nombre des personnes qui développeront ces maladies et qui, en France, se couperont peu à peu de toute vie relationnelle autonome et deviendront dépendantes.

La question que pose ce phénomène concerne la société entière. Ne doit-elle pas se préparer à en tirer les conséquences, c'est-à-dire à permettre à ces personnes de mourir dans la dignité en abrégeant cette phase annoncée de perte de l'entendement, de la mémoire et de dégradation physique, variable selon les cas et les maladies en cause ?

Lorsque j'imagine que la Déclaration des droits de l'homme soit enrichie en spécifiant que « toutes les personnes naissent et demeurent libres et égales en dignité et en droits », je pense en particulier et sans doute en priorité à celles atteintes par ces affections. Chez ces personnes, dont les droits deviennent une notion relative puisqu'elles vivent presque toutes sous tutelle ou sous curatelle, demeure une qualité particulière, qui n'a rien de sacré mais qui est de l'ordre de la solidarité liée à une commune humanité. C'est cette valeur que recouvre le terme de dignité. Malgré leur détresse, l'affaiblissement de leurs capacités cognitives, les troubles de leur comportement, ces malades demeurent égaux en dignité aux autres citoyens. Par conséquent, il n'est point possible d'arguer d'un affaiblissement de cette qualité pour les mettre à mort.

Les conséquences économiques de cette situation sont de taille à une époque où les dépenses générales de santé explosent et où l'accompagnement et les soins que requièrent ces patients pèsent lourd sur le budget de la santé. Mais je m'indigne en imaginant les conséquences de l'attitude inverse, contraire aux principes que je défends. Subordonner la dignité à la pleine possession de ses moyens cognitifs, déclarer que les grands vieillards, dépendants et gâteux ou malades, voire déments, ne sont plus pleinement humains puisqu'ils ont perdu l'attribut principal de l'humanité qui est la pleine conscience et la maîtrise de soi, tirer argument de leur perte d'autonomie pour conclure qu'il convient d'abréger leur agonie de légumes, voilà une série de justifications qui rappelle celles mises en avant par le Reich nazi lorsqu'il a commencé à mettre à mort tous les malades mentaux.

Tels étaient en effet les fondements du programme hitlérien d'élimination des enfants handicapés et des malades mentaux appliqué de janvier 1940 à août 1941. La dignité de l'homme, la qualité de l'humain seraient liées aux capacités réflexives. Par conséquent, un *Homo sapiens* dépourvu d'entendement, fardeau et menace pour les qualités du peuple allemand, ne sera pas pleinement humain. Alors, pour ne pas peser trop sur la société, son économie, ses équilibres, de tels malades devraient être euthanasiés.

Cette première référence doit inciter à une vigilance extrême, conduisant à une opposition catégorique à de tels arguments. Une seconde réflexion mérite aussi qu'on s'y arrête et concerne cette fois la difficulté, en fait l'impossibilité d'établir des frontières. À partir de quel affaiblissement cognitif doit-on considérer que des personnes sont devenues à ce point indignes qu'il vaut mieux les faire disparaître avec douceur ? Si la référence est l'intelligence qui permet de figurer efficacement en société, où commence-t-on et où s'arrête-t-on ? Et on peut prédire sans risquer de se tromper que se posera bien vite la question générale des vieillards.

En effet, ce n'est pas honteux de le rappeler, rares sont les septuagénaires ou les octogénaires à être en pleine possession de la vivacité intellectuelle leur permettant de se comporter de manière idoine dans toutes les situations de la vie moderne. Que faire alors ? Prescrire des tests psychométriques ? Fixer des seuils ? Des normes ? Selon quels critères ? Et puis, en deçà d'un certain score, décider d'euthanasier ? Il apparaît évident que ce raisonnement conduit à une impasse, ce qui nous ramène à la seule attitude possible qui consiste à réaffirmer que tous les hommes naissent et demeurent libres et égaux en dignité et en droits. Même ceux dont l'intelligence est dégradée, dont l'autonomie est réduite. Leur dignité, elle, est intacte et identique à ce qu'elle était trente ans auparavant, à ce qu'elle est chez tous les membres de la communauté humaine.

Changer de regard

Une telle position de principe débouche sur une réflexion à mener quant au regard que nous portons sur les personnes en fin de vie car l'exigence de le modifier va de soi. Pourtant, cette volonté peut relever d'un doux fantasme si on n'interroge pas lucidement les mécanismes de notre société qui écarte de fait ceux qui n'ont plus guère de désirs, qui ne produisent plus rien et ont cessé d'être des consommateurs actifs, quand bien même ils en ont les moyens. La nature économique et sociale de notre modèle de vie tolère les seniors tant qu'ils dépensent leur argent pour assouvir des envies et des désirs encore vivaces, mais arrive le temps où même ces incitations à consommer s'atténuent, puis s'évanouissent. Le moment de l'exclusion a sonné, celui où la communauté considère que ces vieux ou ces malades sont devenus des poids morts. Changer le regard d'une société totalement formatée par son adhésion à ce type de « raisons d'être » – désirer, consommer, produire – nécessite de s'interroger lucidement et collectivement.

Dans la sphère de la famille, de l'intime, il est indispensable de se poser aussi la question du regard et des relations que nous entretenons avec ces personnes à l'automne de leur vie.

Je considère pour ma part, et je l'ai expérimenté, qu'il existe parfois, entre la personne au terme de son existence et celle qui demeure encore en pleine santé, un type de relation d'une intensité extrême que je qualifierais de structurante. Nous nous situons tous dans une continuité : nous naissons, nous vivons, nous vieillissons et nous mourons. La mort est donc aussi naturelle que la naissance et la vie, elle en est l'une des phases. Il serait sage de la connaître, de l'apprivoiser, de ne pas en avoir trop peur même s'il est difficile de s'y résoudre. Et, parfois, dans cette espèce de passage de témoin qui peut être serein, qui l'est d'ailleurs assez souvent avant la phase de l'agonie, il se crée une relation d'une intensité rare, essentielle et inoubliable pour le survivant, de celles qui sculptent la personnalité tout au long de l'existence, entre la personne au terme de son chemin qui, ne souffrant pas, peut alors échanger, et celle qui a encore une longue route à parcourir ; entre eux s'opère parfois comme une transfusion intellectuelle d'émotions, de savoirs et d'images. Et celui qui reste garde une empreinte indélébile de ces instants et du disparu, une impression profonde, il s'en trouve enrichi. Son parcours sera ensuite différent. Il en sortira comme renforcé par son aptitude nouvelle à apprivoiser cette évidence qu'il ne peut méconnaître : il va mourir, certes, mais il est possible de donner un sens à tout, même à la mort.

Mon oncle, le frère de Jean Kahn, est mort à l'hôpital. Il était atteint d'un cancer du poumon. Il avait été bien soigné, était soulagé, mais il allait mourir, c'était évident, et il le savait. Je l'avais fait hospitaliser à l'hôpital Cochin, et j'allais le voir tous les jours, prenant le temps de rester auprès de lui au moins une heure. Nous sommes des intellectuels, dans la famille, il l'était lui aussi, alors nous parlions philosophie. Au fil de ces visites, son débit devenait de plus en plus lent, sa voix de plus en plus faible, mais il éprouvait une vive joie qu'il me manifestait à chacune de mes visites. Deux ou trois jours avant sa mort, je lui ai dit : « Jean-Claude, écoute, je reviendrai te voir demain si tu veux, si tu n'es pas trop fatigué. » Il me dit : « Comment, si je veux ! ? Mais quand tu veux, tu le sais ! » Lui ne voulait pas du tout mourir. Pour rien au monde il n'aurait passé son tour pour un instant de ce type, sa volonté intacte était claire.

Pour ce qui me concerne, j'appelle de mes vœux, non pas le désir de mourir, non pas une douce résignation à ce phénomène, mais une accoutumance à cette idée, la capacité d'apprivoiser cet épisode. Cela passe par le contact entre celui qui part et ceux qui restent, dans une manifestation rassurante de continuité de l'esprit, parfois de recueil d'un héritage, affectif et intellectuel. C'est pourquoi le trépas du proscrit, de l'abandonné, du relégué peut se révéler si hideux. Pour éviter les moments de terreur créés par la discontinuité entre la vie et cet événement qu'on n'ose plus nommer, qu'on n'ose plus voir chez soi, qu'on cache, la mort, il faut patiemment tisser et retisser les liens entre les vivants et les mourants, sans tabou et sans honte, sans chercher à masquer ce qui s'annonce et à en nier la signification, mais en le replaçant dans l'économie naturelle d'une existence et de la permanence de la communauté humaine.

Les soins palliatifs

Le développement des unités de soins palliatifs dans notre pays, bien trop rares – hélas –, mais aussi de l'état d'esprit qui anime leurs équipes soignantes, les techniques qu'elles maîtrisent de mieux en mieux sont sans conteste des moyens puissants pour rétablir les conditions d'un choix et d'une véritable liberté d'une personne en fin de vie. Corrigeons tout de suite un contresens trop souvent commis. Les soins palliatifs ne sont en aucun cas une sorte de préparation à la mort, ce serait abominable… Ils sont bien plutôt l'ensemble des conditions permettant de continuer à vivre, et d'en éprouver des satisfactions, à l'approche d'une fin inéluctable à brève échéance. En d'autres termes, l'aménagement spécifique d'une phase importante de l'existence, la dernière. Une personne consciente et qui ne souffre pas, quand bien même elle ne peut douter de sa fin prochaine, est néanmoins susceptible de connaître d'intenses joies d'ordre affectif.

Les unités de soins palliatifs sont des lieux de vie et non pas de mort. Ce sont des endroits où une personne est prise en charge par des professionnels entraînés au traitement de la douleur physique et attentifs à la détresse psychique, de telle sorte que soient préservées ou rétablies une autonomie maximale et la possibilité de relations apaisées et riches. Alors, chaque jour qui passe peut apporter son lot de moments intenses, être de la sorte attendus avec confiance, voire une certaine impatience, et cela quoique les jours soient comptés. Liberté il y a puisque la seule issue n'est pas de désirer la mort, le lendemain pouvant être espéré. L'expérience prouve qu'alors la demande d'euthanasie devient exceptionnelle. Elle est possible, cependant, et j'y reviendrai. La loi française, loi Leonetti[4], donne la possibilité à un malade dans ce cas d'être endormi pour ne plus se réveiller, si le sommeil apparaît être le seul moyen d'apaiser une terreur persistante, une angoisse, sinon insupportable.

La médecine toute-puissante ?

La médecine a fait des progrès époustouflants mais n'a pourtant pas évité que l'on vieillisse et que l'on meure. La science et la médecine triomphantes s'en trouvent comme mises en échec. On n'est en général pas fier de ses échecs, on n'a pas

4. Loi n° 2005-370, du 22 avril 2005, relative aux droits des malades et à la fin de vie.

tendance à les exhiber en pleine lumière, on les masque plutôt. Le discours dominant d'une science et d'une médecine toutes-puissantes, qui ont réponse à presque tout, contribue à nourrir une désillusion, à créer une déception. Le corps médical ne manquerait-il pas de lucidité, oserais-je dire de franchise, et, ce faisant, ne ferait-il pas courir le risque de renforcer l'indignation face à la mort ? « Comment, se disent peut-être des patients condamnés, je vais mourir, malgré ces progrès extraordinaires ! » « Pourquoi le progrès s'est-il arrêté avant de résoudre mes problèmes, et, s'il est si puissant, pourquoi ne permet-il pas de vivre éternellement ? »

La question de l'euthanasie se pose très concrètement pour le corps médical et relève surtout de la légitimité des actes médicaux confrontés aux demandes des familles.

Est-il légitime qu'un médecin reconnaisse qu'il est devenu impuissant et ne s'acharne pas ? Qu'il soulage une personne au risque d'abréger sa vie ? Qu'il se résolve à une action dont l'objectif est de donner la mort ? Ces trois questions se posent bien en ces termes, et il est sain de les aborder de front.

Le médecin est un tiers particulier dans l'euthanasie. En effet, l'euthanasie, que certains considèrent être acceptable et demandent à voir légaliser, implique l'intervention d'un tiers : quelqu'un demande à mourir et quelqu'un d'autre lui permet d'y parvenir, met à sa disposition les moyens nécessaires (suicide assisté) ou agit lui-même, commettant le geste létal. Le plus souvent, cette personne est le médecin et il se trouve confronté à la question de ce qu'est sa mission, ce pour quoi il s'est engagé dans cette profession, quelle fut sa vocation, et en quelle mesure les différentes possibilités qui s'offrent à lui sont ou non compatibles avec ce qu'il ressent être ses devoirs de médecin. En bref, est-il légitime que l'on aille au-delà de la conception traditionnelle d'une médecine au service du malade ET de la vie ? Et que l'on élargisse les fonctions du praticien jusqu'à lui assigner aussi celle de couper *in fine* le fil de l'existence et d'assumer de la sorte les fonctions que les Grecs attribuaient à la Parque Atropos[5] ?

Cette question évoque le dilemme posé aux médecins assistant les exécutions par injection des condamnés à la peine de mort aux États-Unis. Le praticien qui est requis pour superviser les injections successives de barbituriques (pour endormir), de curare et de chlorure de potassium (pour tuer)

5. Dans la mythologie grecque, les Parques étaient trois sœurs maîtresse de la destinée de chaque être. Clotho filait le fil de la vie, Lachésis l'arrangeait sur les fuseaux et Atropos, la plus vieille, le coupait.

commet-il un acte médical ? Je n'invoque pas cette référence par provocation ni pour stigmatiser les confrères qui pensent de leur devoir de faire une injection létale à leurs malades, mais parce que ces actes sont au moins factuellement de même nature.

La question de savoir s'il entre dans les attributions, voire dans les devoirs du médecin d'interrompre la vie lorsqu'il n'est plus en mesure de la préserver, à l'évidence fondamentale, est loin d'être simple. Les praticiens peuvent arguer du nombre croissant de personnes à des phases ultimes de maladies chroniques et de grands vieillards dépendants. Ils sont susceptibles de prendre en compte la revendication forte, en phase avec l'individualisme libéral, d'un respect absolu de l'autonomie, ainsi que le reflux radical de toute spiritualité, de toute sacralisation du trépas, et en déduire qu'il convient de cesser de n'être que les techniciens de la vie pour devenir aussi ceux de la mort. Et alors, prendre leurs responsabilités. Certains l'ont fait.

Cette manière de raisonner doit toujours être présente à l'esprit des soignants qui se doivent d'assumer leur position, en toute conscience, et être capables de dire où ils se situent. Je ne le ferai pas à leur place.

Pour ma part, en tant que médecin, je pense que si l'objectif poursuivi est de lutter contre la maladie et la douleur, la douleur seule lorsqu'il devient impossible de guérir, il est toujours inutile, avec les moyens dont nous disposons de nos jours, de commettre un geste dont le but, la finalité, est de tuer.

Tout confrère peut bien sûr penser de façon différente mais il devrait toujours le faire en toute clarté, rejetant les ambiguïtés, se positionnant comme l'un de ceux pour qui le moment est venu d'élargir les missions médicales à la technicité d'une mort douce donnée, et non plus seulement accompagnée dans le souci du confort et l'apaisement du mourant. Si l'on veut que le débat avance, il faut que chacun assume ses prises de position en pleine conscience de leur signification et conséquences. À ce stade, je ne jette l'opprobre sur aucune des opinions en présence, même si je dis ce qu'est mon sentiment personnel.

Tous les étudiants en médecine devraient être formés aux techniques de prise en charge des malades au terme de leur parcours et à leurs conséquences. Ils devraient s'être fait leur opinion de citoyens-médecins dans ce débat, et cela indépendamment de l'évolution de la législation. Car la conviction intime est capitale. Chacun a le droit d'en avoir une, mais il faut pour ce faire que tous les jeunes médecins puissent disposer des informations indispensables et des fondements moraux des thèses en présence qui leur permettront de se forger une telle conviction. Aujourd'hui persiste beaucoup de confusion dans les débats. Au cours des études médicales, la technicité de la fin de vie est maintenant au programme, mais les moyens de réfléchir aux tensions éthiques soulevées ne sont guère enseignés.

Malheureusement, on confond assez souvent la réflexion éthique et la connaissance des procédures permettant de respecter les codes et lois « de bioéthique », ce qui est tout à fait différent, bien sûr. Le respect des procédures préserve le praticien d'une éventuelle mise en cause judiciaire ou déontologique. Mais la réflexion personnelle sur ce qu'est son devoir lorsqu'il doit agir par lui-même, les méthodes intellectuelles qui permettent de poser le problème et, au-delà d'une réglementation connue, de se forger une conviction intime, argumentée et explicite, est plus rare car les étudiants et les jeunes praticiens y ont été peu entraînés. Faire ce constat revient à soulever la question du statut de la philosophie – en particulier de la philosophie morale – et des autres « humanités » dans le cursus actuel des études médicales.

4

CE QUE NOUS APPRENNENT LES GRANDES AFFAIRES MÉDIATISÉES

Le pathos, l'émotion...

Depuis des années, le débat autour de la légalisation de l'euthanasie suit le rythme des grandes affaires médiatisées relatant des histoires individuelles bouleversantes présentées comme exemplaires dans un climat d'intense émotion. L'instrumentalisation de ce que l'on appelle « le pathos » par les militants de « La Cause » est de bonne guerre mais peut devenir insupportable lorsque cela aboutit à une prise en otage affective des citoyens. En effet, ceux qui utilisent une telle stratégie savent que l'intensité de l'émotion engendrée par une situation pathétique va bouleverser la rationalité de l'opinion publique ainsi rendue d'une exquise réceptivité à la thèse défendue. Il faut connaître ce phénomène et tenter autant que possible de s'en déprendre pour revenir à un débat argumenté.

Bien entendu, les êtres humains ne vivent pas sans émotions, et si les médias les mettent en scène et s'en servent avec délectation, ces sentiments n'en existent pas moins même en dehors du grand cirque médiatique. Notre conception du bien et du mal est conditionnée par nos émotions. L'idée d'une rationalité morale qui en serait indépendante n'est pas tenable. Les travaux scientifiques actuels sur le cerveau le démontrent chaque jour un peu plus. Les maladies mentales et neurologiques, les accidents qui altèrent les centres de l'émotion modifient aussi le sens moral et le comportement. Tous deux ne sont en effet pas indépendants de ce que le bien procure en général une émotion agréable alors que le mal provoque une sensation contraire. Toute « l'éducation morale » s'emploie, dès l'enfance, à amplifier le phénomène. Quand bien et mal deviennent indifférents sur le plan émotionnel, il n'y a plus de conduite morale autonome et durable, nombre de cas pathologiques ou d'affaires criminelles en témoignent. Nombreux sont aussi les tests psychologiques qui démontrent l'influence de l'émotion sur la définition de la conduite morale et, de façon plus générale, sur les pensées humaines.

Lorsqu'un sujet se trouve, comme on dit dans le langage courant, « sous le coup de l'émotion », des empreintes, qui seront indélébiles, s'impriment dans son esprit. L'activité émotive du cerveau est alors d'une telle intensité qu'elle sidère pour un temps tous les circuits de la rationalité.

À l'occasion de nombreux débats auxquels j'ai participé autour de cette question grave de la légalisation de l'euthanasie, j'ai été confronté à cette difficulté à dialoguer. Car dès lors que les militants de cette cause se trouvent moins assurés de l'évidence de leurs propositions, ils font immédiatement appel à toute une série de situations épouvantables. Le résultat est radical. L'émotion est à son comble, et dès qu'on pleure, on ne pense plus guère. J'aborde toujours ces confrontations avec appréhension. Je pourrais moi aussi, en sens inverse, essayer de tirer des larmes au public, mais, bien sûr, ce serait au prix de l'idéal d'un débat plein de sensibilité, mais rationnel et basé avant tout sur l'argumentation. Pour être franc, j'use moi aussi parfois de cette tactique, sans en être très fier. Une confrontation entre des adversaires, à qui sera le plus habile à émouvoir ou à épouvanter, est tout sauf optimale pour enrichir la réflexion collective sur un problème douloureux et difficile.

La présence fréquente dans ces salles de conférence de militants de la cause inverse, et en particulier de catholiques fervents pour lesquels poser la question de l'aide à mourir est un blasphème au bon Dieu et une atteinte aux Dix Commandements complique l'analyse sereine. J'essaye de me positionner comme un être rationnel, sensible à l'émotion, mais ne se laissant pas totalement emprisonner, submerger par elle.

L'affaire Vincent Humbert

Cela s'applique à l'évidence à l'histoire de Vincent Humbert qui a bouleversé les Français en septembre 2003. À vingt et un ans, le 24 septembre 2000, ce jeune pompier est victime d'un terrible accident de voiture. Hospitalisé au centre héliomarin de Berck dans le nord de la France, il devient tétraplégique. Quasiment aveugle, sourd et muet, il survit pendant presque trois ans grâce à une sonde gastrique qui le nourrit. Plus de deux ans après son accident, conscient et ne supportant plus son sort, le jeune et beau garçon qu'il a été, actif et sportif, demande, en s'exprimant à l'aide de pressions du pouce, qu'on en finisse. Sa mère écrit par conséquent au président de la République pour le supplier de permettre à ses médecins d'abréger les souffrances de son fils.

Le 25 novembre 2002, Vincent « dicte » un courrier : « Vous êtes ma dernière chance », écrit-il à Jacques Chirac, en lui demandant de lui reconnaître le droit de mourir. En réponse, le chef de l'État lui fait part de son impuissance et le ministre de la Santé de l'époque, Jean-François Mattei, rappelle alors que donner délibérément la mort demeure un acte illégal. « Il y a d'autres réponses que la mort. Il faut améliorer la qualité de la vie de ce jeune homme et prendre en charge son état dépressif et psychologique[6]. »

Un éditeur, militant de l'ADMD, entreprend alors de recueillir le témoignage de Vincent dans lequel il revendique sa liberté de mourir, et il prie sa maman d'en être la médiatrice. L'ouvrage[7] sort dans les librairies le 25 septembre 2003, précédé d'une agressive campagne de communication en direction des médias. « Quand ce livre paraîtra, annonce l'éditeur, Vincent sera peut-être mort ; sa mère aura, enfin, exaucé ses vœux. » En effet, à cette date exacte, Marie Humbert injecte une forte dose de barbituriques dans la tubulure de la perfusion de Vincent, qui sombre dans le coma.

6. *Le Monde*, 19 décembre 2002.
7. *Je vous demande le droit de mourir*, Michel Lafon, 2003.

Deux heures après, pensant que le produit a fait son effet, elle en informe le médecin qui s'occupe de Vincent, lequel décide aussitôt de faire réanimer son patient, avec succès. Mais confronté à la volonté explicite du jeune homme et à une irrésistible pression médiatique, comme il le note lui-même peu après les événements, le docteur Chaussoy, médecin réanimateur du centre de Berck, et son équipe se résolvent à prendre le relais de la mère. Le jeune homme est endormi à nouveau, puis reçoit une injection intraveineuse d'un produit mortel. Vincent meurt selon sa volonté et conformément aux annonces de l'attaché de presse de la maison d'édition. Le livre connaît un succès considérable, et l'affaire relance vigoureusement le débat sur l'euthanasie en France.

Sans épiloguer sur le mélange douteux des genres entre le désarroi d'une famille, le drame d'une mère, le lancement commercial d'un ouvrage et une opération militante en faveur d'une révision de la loi française, personne ne peut souhaiter que la mère accablée ou, plus probablement, le médecin et ses collaborateurs aient de plus à affronter une procédure judiciaire longue et compliquée, les menant en cour d'assises. Néanmoins, et c'est la loi, une instruction judiciaire est ouverte par le procureur de la

République de Boulogne-sur-Mer et un juge d'instruction désigné.

La procédure pénale se met donc en marche. Marie Humbert est mise en examen pour administration de substances toxiques avec préméditation sur une personne vulnérable. Le docteur Chaussoy pour empoisonnement avec préméditation. En théorie, Marie Humbert encourt cinq ans d'emprisonnement ; le docteur Chaussoy, la prison à perpétuité. L'instruction de cette affaire va durer un an et neuf mois. Elle se solde par un non-lieu en février 2006. Le procureur qui avait ouvert l'enquête renonce aux poursuites, soulignant le caractère exceptionnel de ce cas. Il évoque le contexte passionnel, les contraintes psychologiques intolérables de la maman de Vincent pour qui les conditions de vie de son fils étaient, et on la comprend, intolérables, et qui considérait de son devoir d'accéder à la volonté de son fils d'en finir.

Toujours au moment de la sortie du livre, le président de l'Assemblée nationale, Jean-Louis Debré, annonce la constitution d'une mission d'information parlementaire, affirmant solennellement qu'il appartient au Parlement de s'emparer de cette question de société. C'est Jean Leonetti, député UMP des Alpes-Maritimes, praticien hospitalier, qui est nommé rapporteur. Pendant huit mois, cette commission va entendre plus de quatre-vingt-dix personnalités représentant les grands courants de pensée de la société française : des juristes, des historiens, des philosophes, des médecins, des gériatres, des réanimateurs, des cancérologues, des infirmiers, des membres de grandes associations, comme l'Association pour le Droit de Mourir dans la Dignité, et tous les mouvements œuvrant dans le domaine des soins palliatifs.

Le Comité Consultatif National d'Éthique (CCNE) est lui aussi consulté en la personne de son président et de plusieurs de ses membres. En janvier 2000, l'avis n° 63 de ce comité, dont j'étais membre, ne revenait pas sur le caractère transgressif de tout geste destiné à donner la mort mais avançait le concept « d'exception d'euthanasie », souvent mobilisé depuis. Avant le débat des auditions et des travaux de la commission qu'il présidait, Jean Leonetti s'était lui aussi référé à cette notion dont la signification reste incertaine. Rappelons qu'elle est en effet évoquée aussi bien par des partisans d'une légalisation de l'euthanasie « dans des cas exceptionnels » que par ceux qui y sont opposés par principe et proposent de traiter autrement les situations où elle est malgré tout appliquée, de manière transgressive. C'est en fait dans une autre direction que s'orientera la commission qui publie, en juillet 2004, un rapport intitulé « Respecter la vie, accepter la mort ». Ce rapport va donner naissance au vote d'une loi, promulguée le 22 avril 2005, sur « le droit des malades et la fin de la vie ». C'est la fameuse loi Leonetti déjà évoquée et sur laquelle je reviendrai en détail.

Faisons un peu l'analyse de cette affaire. D'abord, je considère que la justice a eu raison d'épargner Marie Humbert et d'aboutir à un non-lieu pour elle et le docteur Chaussoy. Pour la première, il allait de soi qu'entre son devoir de mère et ses obligations de citoyenne – respecter la loi – elle se devait de choisir le premier, ce qui justifie ou au moins explique son geste. Pourtant, la confrontation avec la justice m'apparaît salutaire et nécessaire pour que l'acte de donner la mort ne soit jamais banalisé, quel que soit le motif. Enfin cette affaire a mis en lumière le fait que, dans certaines circonstances, la société sait pardonner puisque la mère a d'emblée été relativement épargnée et qu'un non-lieu a été prononcé pour elle et le médecin, ce dernier sous le coup d'une inculpation autrement grave.

La vision d'une société inhumaine, incapable de comprendre la générosité d'une mère et la compassion d'un médecin qui accèdent au désir de mourir d'un garçon de vingt ans cloué au lit dans une situation épouvantable, vision colportée par certains médias et militants, a été battue en brèche. La société a su pardonner.

Mais cette affaire témoigne aussi de l'extraordinaire instrumentalisation de cette histoire par la simultanéité du geste d'euthanasie, de la sortie et de la promotion du livre ainsi que du déferlement médiatique qu'il a suscité.

L'annonçant et le justifiant, le montage orchestré avec minutie, qu'il ait été prémédité ou non, par la maman, ses proches et les militants de l'Association pour le Droit de Mourir dans la Dignité a fonctionné à la perfection. Je ne fais de procès d'intention à personne, mais il faut avouer que le coup médiatique fut éblouissant ! Voyez ce garçon de vingt ans cloué dans son lit, courageux, voulant mourir. La loi ne permet pas d'y accéder. Cette mère, c'est Antigone, l'Antigone des temps modernes[8] et le pays est bouleversé ! Le médecin, le docteur Chaussoy, apparaît telle une figure héroïque. Témoin du courage de cette mère Antigone, il vole à son secours et complète son geste,

8. Antigone, dans la mythologie grecque, est la fille d'Œdipe et de Jocaste. Alors que règne son frère Etéocle, il est défié par Polynice, l'autre frère. Tous deux s'entretuent. Créon, leur oncle et nouveau roi, interdit toute sépulture pour Polynice, ce qui le condamne à l'errance éternelle. Poussée par son devoir, par la « loi naturelle », Antigone désobéit. Elle sera emmurée vivante.

il fait une injection létale, de chlorure de potassium je crois, à Vincent Humbert avant que ce dernier ne soit revenu totalement au niveau de conscience préalable, et, cette fois-ci, le tue pour de bon.

L'opinion est prise à témoin du drame où s'affrontent la volonté contrariée d'un jeune homme crucifié et la loi inhumaine de la République. Elle ne peut que soutenir le courage d'une femme qui défie la Loi parce que tel est son devoir de mère, ce dernier l'emportant sans hésitation sur l'inhumanité des règles édifiées par le monstre froid de la chose publique. Les gens admirent et soutiennent le médecin compréhensif, bienfaisant, qui, quoique tenu par le serment d'Hippocrate et le code de déontologie, fait passer d'abord sa solidarité envers Vincent et sa maman et accepte de prendre le relais de cette dernière, de finir son travail.

Pendant plusieurs semaines la France vit au rythme de cette affaire combinant tous les éléments d'un drame moderne. L'émotion est à son comble.

Pour ma part, je me suis posé la question : agirais-je comme le docteur Chaussoy ? Sans doute, non. Aujourd'hui, la loi Leonetti offrirait d'autres possibilités. Cependant une difficulté supplémentaire existait ou s'est révélée par la suite ; elle concerne l'incertitude quant à ce qu'étaient en réalité les volontés de Vincent, ou plutôt leur authenticité. En effet, des zones d'ombre persistent, et la principale d'entre elles concerne le niveau d'entendement de Vincent Humbert à cette époque. Des soignants du centre héliomarin de Berck dont on a peu entendu les témoignages ont émis des doutes. Un kinésithérapeute qui s'était occupé de lui activement depuis des mois prétend que l'état de conscience de Vincent Humbert l'empêchait d'exprimer une telle détermination. Demeure donc une question essentielle : quelle est la part de l'expression de la volonté de Vincent Humbert et celle du sentiment qu'en avait sa maman ?

Bien sûr, je ne mets certes pas en cause la conviction intime, ni les propos de Marie Humbert qui répète qu'elle était et demeure certaine du désir de mourir de son fils, et je la comprends : moi-même je ne douterais pas qu'un garçon de vingt ans dans cet état désirât en finir.

Il n'en reste pas moins que tout le monde ne partage pas une telle certitude, et cette histoire illustre combien une confusion indubitable peut s'immiscer dès lors que l'émotion bien compréhensible submerge tout.

Quoi qu'il en soit, et au vu des événements qui se sont déroulés, j'aurais tout mis en œuvre pour que la mère ne soit inquiétée d'aucune manière. Et puis, après tout, si j'avais été absolument convaincu des intentions de Vincent, peut-être aurais-je, à l'époque, malgré tout, accédé à sa demande. J'en aurais alors pris le risque, comme le docteur Chaussoy l'a fait, d'ailleurs, avec beaucoup de courage et sans protester contre la procédure judiciaire qui s'est mise en route ensuite. Il a agi en conscience, même si la pression médiatique a joué un rôle considérable dans sa décision, selon ses propres déclarations. Dans certaines circonstances, lorsqu'on agit de cette manière, il ne faut pas exiger qu'un tel « exercice de la conscience » n'ait aucune conséquence pour soi. C'est comme si celui qui se précipitait dans le feu pour aller chercher son enfant demandait au départ qu'on lui assurât de n'être point brûlé. Ou comme si l'homme courageux qui se jetait à l'eau pour sauver quelqu'un de la noyade exigeait au préalable qu'on lui mît des brassards pour ne prendre aucun risque.

Je reconnais sans peine, je le répète, que le fait de donner la mort à qui la réclame peut, en effet, procéder d'une relation solidaire. Il existe par conséquent des circonstances individuelles et singulières où l'euthanasie active, en pleine conscience, à la demande des personnes, doit être pardonnée. Mais l'exigence d'une impunité *a priori* pour un acte décidé « en conscience » et accompli par amour, par compassion ou par solidarité m'apparaît être un refus d'assumer ses responsabilités, une limitation prudente et peu glorieuse des devoirs moraux au champ des actions sans risque encadrées par les procédures en vigueur, le reniement d'Antigone, qui attendrait l'autorisation de Créon pour donner une sépulture à la dépouille de son frère.

L'affaire Hervé Pierra

Au cours de son adolescence, Hervé Pierra[9] a montré des signes d'une personnalité fragile. Hospitalisé à deux reprises pour des délires et des crises de violences multiples, le diagnostic de schizophrénie a été évoqué. À vingt ans, en dépit de ses antécédents, il est reconnu « apte au service militaire ». Mais trois mois après son incorporation dans l'armée, il sombre brutalement dans une dépression sévère. Au cours d'une permission, le 30 mai 1998, il tente de mettre fin à ses jours dans l'appartement où vivent ses parents. Transporté à l'hôpital dans

9. Son histoire et le combat de sa famille sont racontés par leur avocat, Gilles Antonowicz, dans le livre : *Moi Hervé Pierra, ayant mis six jours à mourir*, Bernard Pascuito éditeur, 2008.

un état jugé critique, il sort du coma au bout de deux mois, ses yeux s'entrouvrent mais il ne manifeste aucune réaction. Il est immobile, comme emmuré dans le silence. Pendant les longs mois qui suivent, malgré les soins qui lui sont prodigués, la présence quotidienne de ses proches et surtout de sa mère, son état ne s'améliore pas.

Un an après sa tentative de suicide, Hervé, qui a conservé un rythme biologique de veille et de sommeil, ne manifeste aucun signe indiquant qu'il puisse disposer, d'une manière ou d'une autre, de la moindre conscience de lui-même ou de son environnement. Il n'est plus dans le coma. Il ne souffre pas d'un *Locked-in syndrome* comme en avait été atteint, par exemple, Jean-Dominique Bauby, l'auteur du livre *Le Scaphandre et le Papillon*[10], ou encore le malade que j'ai évoqué au premier chapitre de cet ouvrage (p. 18-20), lesquels conservaient toute leur conscience et pouvaient communiquer avec l'extérieur. Son état est qualifié de coma végétatif, une expression utilisée pour les mille cinq cents à deux mille personnes qui, à la suite d'un accident de la route ou du travail, d'un accident domestique, d'un accident vasculaire cérébral, d'une tentative de suicide, ne présentent, selon la littérature

10. Robert Laffont, 1997.

médicale, aucune évolution favorable au sortir du coma après un délai compris entre trois et six mois lorsque l'état végétatif a une origine médicale, et entre douze et dix-huit mois lorsqu'il a une origine traumatique.

Hervé survit grâce à une trachéotomie qui lui permet de respirer. Il est hydraté et nourri artificiellement par une sonde gastrique dans laquelle s'écoule le contenu d'un sachet dit de « gavage ». Les seuls soins qui lui sont prodigués sont dits de confort : kinésithérapie, *nursing* afin d'éviter les escarres L'encéphalogramme indique une activité cérébrale mais il est inconscient, bien que son cœur batte normalement, qu'il respire, qu'il soit autonome quant aux fonctions vitales. Il est, de ce fait, dépendant des soins dispensés.

Une incertitude demeure puisqu'il est arrivé dans des cas exceptionnels ressemblant au sien que des malades se réveillent, et parfois après de longues années. C'est improbable mais possible.

En ce qui concerne Hervé Pierra, cependant, il est clair que s'il se réveillait ce serait pour retourner à son état antérieur, celui d'un jeune homme tenaillé par une terrible angoisse, sans doute atteint de schizophrénie, une maladie mentale grave qui l'avait conduit à attenter à ses jours. Ses parents, des gens très croyants, accompagnent leur fils depuis des années avec attention et courage. Mais force est de reconnaître que depuis sa tentative de suicide l'état d'Hervé ne s'est pas amélioré, et tout l'amour d'une famille, tous les soins prodigués, oserais-je dire tous les espoirs mis en œuvre, n'ont eu aucun effet. Hervé dort sur son lit sans montrer aucun signe de progrès. Sa tentative de suicide remonte au 30 mai 1998 et ce n'est que quatre ans plus tard, en 2002, que ses parents commencent à exprimer auprès de médecins le désir de mettre fin à cette nutrition forcée qu'ils considèrent comme de l'acharnement thérapeutique.

La loi Kouchner sur le droit des malades leur donne matière à renforcer leurs arguments, mais les médecins du CHU de Saumur où Hervé est hospitalisé refusent. L'affaire Vincent Humbert éclate dans un tapage médiatique que nous avons décrit, et pour les parents d'Hervé, cette affaire a une résonnance particulière.

Mais, écriront-ils à l'époque, « nous n'aurions pas pu agir comme l'a fait Marie Humbert, non par peur de la prison, mais parce que nous n'aurions pu survivre à ce geste ». Paul et Danièle Pierra, les parents d'Hervé, ont toujours montré un très grand respect des textes législatifs en vigueur dans notre pays.

En 2005, soit sept ans après le début du long coma de leur enfant, l'adoption de la loi Leonetti va leur donner le droit d'exiger que cesse tout acharnement thérapeutique. Compte tenu de l'état de leur fils, de son état antérieur, la famille considère que maintenir Hervé en vie en le nourrissant artificiellement n'a pas de sens. L'équipe soignante du CHU de Saumur, pour des raisons qui lui appartiennent et que je ne commenterai pas ici, ne manifeste guère, selon la famille et leur avocat, de compréhension, voire même se révèle plutôt hostile à cette solution. Mais contrainte par la nouvelle législation, elle accepte d'en étudier la mise en œuvre.

Je ne vais pas décrire ici les méandres des procédures et des atermoiements qui dénotent chez les médecins une frilosité excessive, peut-être de la mauvaise volonté. Dans cette affaire, la maman d'Hervé, une femme digne et fervente, a toujours manifesté une grande discrétion, ne souhaitant pendant les premières années ni médiatiser, ni même revendiquer une action militante pour faire avancer la législation. On assiste donc là à une histoire singulière où, nous allons le voir, la responsabilité d'une équipe soignante va être engagée, tout comme l'extraordinaire difficulté de faire bouger les mentalités et de mettre en application une législation nouvelle.

Pendant plus d'un an, batailles d'experts, réunions diverses et variées aboutissent à une impasse.

Le docteur Régis Aubry, ancien président de la Société Française d'Accompagnement et de Soins Palliatifs et responsable du département douleurs-soins palliatifs au CHU de Besançon, est appelé comme consultant. Il doit émettre un avis sur le cas d'Hervé Pierra. En quelques mois, devant l'obstination des équipes soignantes et à la demande des parents et de Jean Leonetti lui-même, il va se transformer en médiateur.

« Considérant comme acquis que l'arrêt de la nutrition et de l'hydratation dans le cas de coma végétatif provoque un décès rapide, sans agonie lente, et n'entraîne pas de souffrances, ni de douleurs particulières », il estime que la demande des parents doit être entendue conformément aux dispositions de la loi. Dans le document qu'il remet, il estime aussi que, « si l'euthanasie constitue une véritable violence qui peut avoir des conséquences sur la souffrance des proches, l'arrêt de l'alimentation et de l'hydratation ménage un temps important à ne pas occulter pour la famille. Si le délai entre une décision d'arrêt des traitements alimentaires et le décès peut apparaître très long *a priori*, il s'avère être un temps important pour l'accompagnement : ce sont les moments du détachement. Cette question du détachement physique est un point qui me semble important en particulier pour

Mme Pierra qui est présente chaque jour depuis de nombreuses années auprès de son fils ». Et pour conclure il prend soin de préciser : « Il s'agit d'une situation extrêmement difficile, singulière. Bien sûr l'objectif ne peut pas être de faire au mieux mais de trouver la moins mauvaise réponse. »

À la suite de ce que l'on peut considérer comme une médiation, c'est-à-dire l'intervention éclairée du docteur Aubry, l'équipe soignante de l'hôpital de Saumur accepte de se conformer à la demande des parents dans le cadre de la loi. Dix-huit mois après la première demande, le médecin responsable met en route le processus. Il procède à l'ablation de la sonde qui nourrit et hydrate Hervé et demande à l'équipe de soignants de garde d'effectuer des soins de bouche, « un point c'est tout ». Hervé Pierra, pour des raisons que je ne décrirai pas dans le détail ici, va mettre six jours à mourir dans des conditions intolérables. Pris de convulsions répétées qui n'étaient pas prévisibles, mais qui se sont révélées fréquentes et régulières, ce jeune garçon agonise durant des jours devant ses parents épouvantés et impuissants. Le spectacle fut effroyable, l'épreuve insupportable, et les médecins, semble-t-il, inactifs.

Si j'avais été confronté à un scandale de cet ordre, j'aurais porté plainte contre l'équipe médicale, ce que les parents n'ont pas fait, car le devoir du médecin est sans ambiguïté – je me suis déjà exprimé sur ce point. Même lorsqu'il n'est plus possible de guérir, un médecin se doit de soulager son patient. Face à quelqu'un qui va mourir, et c'était le cas, le médecin est loin d'être délié de ce devoir, il se doit d'apaiser son patient par tous les moyens nécessaires. Les médecins n'apparaissent pas s'y être employés. On peut argumenter en avançant qu'Hervé Pierra convulsait mais ne souffrait sans doute pas. Ces arguments sont irrecevables. Le coma végétatif sans conscience peut comporter des sensations désagréables, des souffrances, même si leur traitement cognitif est aboli. Les animaux les moins cérébralement développés souffrent aussi ! Que des médecins n'aient pas administré de produits anticonvulsifs ni de calmants est de ce fait incompréhensible et insupportable. C'est une erreur médicale, en aucune façon une insuffisance de la loi Leonetti. L'application de cette loi, à la demande de la famille, aurait dû consister en la cessation de l'hydratation et de l'alimentation, avec la mise en place concomitante d'une perfusion de substances anticonvulsives et sédatives. Ce garçon qui « dormait » depuis déjà huit ans aurait dormi six jours de plus et serait mort dans le calme.

Le cas d'Hervé Pierra n'aurait dû poser aucun problème à une équipe médicale pleinement informée et jouant en conscience la lettre et l'esprit de la loi. Je suis sévère avec eux, mais ces confrères, si les rapports de l'affaire qui ont été publiés sont exacts, se sont comportés d'une manière choquante qu'il est difficile d'admettre. Leur attitude rappellerait celle des bonnes sœurs qui pratiquaient autrefois des curetages sans anesthésie sur des femmes ayant eu recours à des manœuvres abortives, et qui exprimaient ainsi leur réprobation sans concession du geste. La rédemption par la douleur et la punition ! Je suis sûr que les médecins d'Hervé n'ont pas cherché à le punir, lui ou sa famille, mais ils auraient fait preuve d'une parfaite mauvaise volonté ou d'une incompétence incompréhensible, signifiant peut-être aux parents qu'ils étaient opposés au geste qu'ils avaient été contraints de réaliser et qu'ils se lavaient ainsi les mains de ses conséquences. Ils seraient alors coupables, en quelque sorte, de non-assistance à personne en danger de souffrance, Hervé Pierra ou au moins sa famille. Or un médecin peut être condamné pour cela. Quels que soient ses sentiments, il se doit de calmer les douleurs des malades. Mes confrères apparaissent de ce fait avoir commis une erreur, soit médicale, soit morale.

À propos de cette affaire, le député Jean Leonetti a réagi en disant que sa loi définissait les conditions du « laisser mourir » et n'était pas latitude à « laisser crever ».

L'affaire Tramois-Chanel

Au printemps 2007, quelques semaines avant le non-lieu prononcé dans l'affaire de Marie Humbert et du docteur Chaussoy, une autre affaire va faire la une des journaux. Chantal Chanel, infirmière à l'hôpital de Saint-Astier, en Dordogne, et Laurence Tramois, médecin généraliste dans le même établissement, comparaissaient devant la cour d'assises pour un acte d'euthanasie active. La première était accusée d'« empoisonnement » et la seconde de « complicité ». Ce procès a été largement médiatisé par l'Association pour le Droit de Mourir dans la Dignité qui souhaitait en faire un exemple de l'acharnement de la justice envers des soignants qui « avaient su faire preuve de compassion et de courage face à une malade condamnée… ». Discrètes, les deux femmes appelées à comparaître pouvaient devenir l'espace d'une audience des sujets d'émotion médiatiques d'une grande efficacité, surtout si elles étaient lourdement condamnées, pour mobiliser en faveur de « La Cause » l'opinion publique déjà fort sensibilisée par le livre de Vincent Humbert et la menace de procès de sa mère. Il n'en fut rien. La justice prononça un non-lieu pour l'infirmière et condamna le médecin à un an de prison avec sursis.

Les débats au cours du procès et de l'instruction furent l'occasion de réfléchir au pouvoir médical et à ses dérives et constitua un excellent exemple d'une justice humaine à l'œuvre.

Examinons les faits. Une femme de soixante-cinq ans, atteinte d'un cancer du pancréas en phase terminale, meurt dans le service de soins palliatifs de l'hôpital de Saint-Astier. À la suite de dénonciations ou de rumeurs sur les circonstances de son décès, une autopsie est pratiquée et les légistes évoquent la possibilité d'un décès en relation avec une « hyperkaliémie d'origine iatrogène ». En d'autres termes, cette malade est probablement décédée des suites d'une injection létale de chlorure de potassium.

Les enquêteurs vont recueillir rapidement le témoignage de Chantal Chanel, infirmière de garde la nuit du décès. Celle-ci explique qu'elle a suivi les consignes du médecin généraliste en charge de la malade et a posé une perfusion de sept grammes de chlorure de potassium.

Au cours du procès, la jeune femme reconnaîtra qu'elle connaissait les conséquences d'une telle injection à forte dose. « J'étais sous le choc parce qu'il s'agissait d'une dose incroyable », mais elle ajouta que, même si elle s'était sentie « seule » au moment d'accomplir ce geste, elle l'avait malgré tout fait en pensant que la famille de sa malade l'avait demandé. Quant au médecin généraliste qui a souhaité, dès l'ouverture du procès, préciser qu'elle n'était pas une militante de l'Association du Droit à Mourir dans la Dignité, elle expliqua qu'elle avait agi afin de « préserver la dignité » de sa malade dont l'état s'était brusquement aggravé. Celle-ci risquait, selon elle, une occlusion intestinale et ses conséquences pénibles, les vomissements incoercibles et les douleurs accrues. Toujours selon ses dires, que personne n'a d'ailleurs contredits au procès, la morphine ainsi que tous les soins dits « palliatifs » possibles étaient dépassés et cette femme se voyait mourir dans des conditions atroces.

En toute honnêteté, Laurence Tramois expliqua ensuite comment elle avait pris sa décision seule, sans en parler à ses collègues ni à la famille de la patiente. Pourtant, se sentant incapable de réaliser l'injection, elle avait demandé à l'infirmière de nuit de le faire. Au cours du procès, elle réaffirma à plusieurs reprises qu'elle avait agi consciemment, ayant acquis l'intime conviction que tel était le souhait de sa patiente. Mais en avait-elle explicitement parlé ? Elle répondit par la négative, de même qu'elle n'avait pas jugé bon de prendre l'avis du mari de la malade, ni de son fils ; ces derniers ne se sont pas constitués partie civile, et Laurent, le fils, a tenu à préciser « qu'il aurait préféré être mis au courant, voire consulté, mais qu'il voulait que tout le monde sache que plusieurs fois au cours de ces dernière semaines, sa mère lui avait confié son désir de partir et qu'on lui administrât un produit ».

Analysons les faits, plus en détail. Le devoir absolu de ce médecin était de soulager sa malade. Il eût été inacceptable qu'elle la laissât souffrir. Mais on sait aujourd'hui qu'il n'est pas indispensable pour cela de provoquer sans tarder une mort immédiate. Alors, le docteur Tramois aurait eu l'intention d'éviter la prolongation d'une agonie qui n'avait plus de sens… Mais l'agonie doit-elle avoir un sens ? En a-t-elle jamais un ?

Dans ce cas précis, ce médecin s'est arrogé un droit de vie et de mort et en a commandé l'exécution à une infirmière sous ses ordres ! C'est l'usage du pouvoir incroyable d'interrompre une vie sans avoir recueilli un consentement éclairé de la personne concernée et, à défaut, les impressions, les préférences ou les opinions de la famille, qui ne peut être défendu. Est condamnable aussi le fait, la décision étant prise, de n'avoir pas accompli soi-même le geste d'euthanasie, de l'avoir imposé à un tiers dont elle était la supérieure, et dont elle n'avait pas plus cherché le consentement. Bien entendu, cette consœur bénéficie de toutes les circonstances atténuantes que la justice a pris en compte puisqu'elle a décidé de la poursuivre mais s'est bien vite résolue à ne point l'accabler. La procédure a été exemplaire tant dans les débats qui se sont déroulés que dans la clémence du jugement qui a tenu compte de toutes ces circonstances atténuantes.

Il faut d'ailleurs rappeler des faits et ramener à une plus juste proportion l'indignation émue qui s'empare de l'opinion à l'annonce qu'un médecin ou une autre personne courageuse, qui ont pris le risque de commettre une euthanasie, sont passibles de vingt ans de prison, voire plus : cela fait des décennies, sans doute au moins un demi-siècle, que cela ne s'est pas vu ! Les affaires d'euthanasie solidaire jugées en assises aboutissent à des acquittements ou à des peines légères avec sursis. C'est d'ailleurs le cas de l'infirmière Chantal Chanel dans cette affaire alors que la peine prononcée à l'encontre du docteur Tramois ne fait que prendre en compte, de manière légitime à mon avis, le caractère contestable, en fait non acceptable, d'un geste de cet ordre sans consentement exprès du patient ou de sa famille et avec implication d'un tiers subordonné.

Une autre affaire, parmi les premières à avoir été médiatisées, avait mis sur le devant de la scène une infirmière qui peu à peu, dans la solitude de son service, s'était muée en une sorte d'ange Thanatos, un ange bienfaisant qui distribuait la mort à ses patients. Cette « affaire Christine Malèvre » est intéressante à évoquer dans la foulée de la précédente avec laquelle elle manifeste une sorte de continuité dans la dérive des pratiques. Là encore nous nous trouvons face à une soignante qui, confrontée à la difficulté de la fin de vie de ses patients, s'arroge une puissance qui pour être – au départ au moins – motivée par de bonnes intentions n'en devient pas moins démesurée. Sous le prétexte d'abréger les souffrances, et ainsi de faire du bien, cette infirmière s'est attribué le droit de décider elle-même qui il convenait de tuer, une nouvelle image de la Parque Atropos déjà évoquée.

Le rapprochement avec le docteur Tramoy s'arrête là. L'enquête démontra que Christine Malèvre était psychologiquement fragile. La récurrence de ses gestes en témoigne ainsi que son attitude au procès. Je n'entrerai pas ici dans les détails de ce que fut cette histoire qui défraya la chronique : plusieurs morts suspectes pendant des années, une équipe médicale qui n'a à l'évidence pas joué son rôle, une infirmière seule avec ses souffrances et ses fantasmes… Mais comme dans l'affaire de Saint-Astier, en Dordogne, il s'agit là de préciser les limites du pouvoir médical. Les médecins et les soignants sont en première ligne, exposés de ce fait à des situations souvent pénibles. Il n'en est que plus nécessaire de comprendre que le droit de vie et de mort n'a jamais été un corollaire naturel de la confrontation quotidienne du corps soignant à la vie et à la mort.

L'affaire Chantal Sébire

C'est à la fin du mois de février 2008 que la France découvre le visage de Chantal Sébire. Un reportage diffusé sur l'antenne nationale de France 3 donne la parole à cette femme qui est défigurée par une tumeur et qui explique qu'elle souhaite qu'on l'aide à partir car « elle sait aller au-devant de souffrances qu'elle ne pourra plus supporter ». « Ma tumeur, dit-elle, m'a privée du bonheur de voir les yeux de mes enfants, pourtant j'avais des rêves encore à vivre avec eux… » Elle conclut cette courte interview pleine d'émotion par des propos qui ne laissent aucun doute sur ses motivations et ses objectifs. « Quand le patient est conscient, quand le corps médical dit “on ne peut plus rien”, alors qu'ensemble se prenne une décision d'accompagnement qui est alors un acte d'amour. Je voudrais que la souffrance que j'endure serve au moins aux autres, qu'il y ait une avancée, qu'on ose, qu'on ne soit plus obligé de fuir à l'étranger. »

Cette mère de famille de cinquante-deux ans voulait faire de la légalisation de l'euthanasie le dernier combat de sa vie, une bataille héroïque et courageuse en faveur d'une cause qui, de son point de vue, était bonne et juste.

L'emballement médiatique à la suite de la diffusion de ce premier reportage, puis des suivants qui se multiplièrent, empêchera hélas que l'on se pose de bonnes questions. La réalité de son parcours et de l'évolution de sa maladie ne fut pas présentée avec la précision et l'honnêteté nécessaires pour comprendre le contexte de la lutte de Chantal Sébire, lutte dont la sincérité et le caractère émouvant n'auraient pas dû annihiler l'objectivité et la lucidité. Il m'apparaît de ce fait indispensable de retracer l'histoire de sa maladie comme l'ont fait quelques rares journalistes de presse écrite, étrangers en particulier, et de regarder ensuite les enseignements d'une telle affaire.

Au moment où les téléspectateurs la découvrent, Chantal Sébire souffre d'une tumeur des sinus depuis plusieurs années. Le neuroblastome olfactif est un cancer très rare qui se développe aux dépens du nerf olfactif dans la cavité nasale ; moins de mille cas ont été recensés dans les vingt dernières années. Cette tumeur se développe lentement et surtout localement, même si elle peut métastaser dans des cas rares. L'intervalle entre le premier signe et le diagnostic est, en général, de six mois. Le traitement repose sur une chirurgie « maximale[11] », suivie d'une radiothérapie. La plupart des cas récents montrent des survies à cinq ans de l'ordre de 60 à 70 % ; les récidives locales peuvent être rattrapées par un traitement de deuxième ligne. Dès la phase de diagnostic et de la chirurgie initiale, le traitement doit être confié à des équipes pluridisciplinaires[12].

Mme Sébire souffre par conséquent d'une maladie sérieuse. Mais en 2002, alors que le diagnostic est posé de manière ferme par une équipe de spécialistes de Lyon, cette femme fait valoir

11. Ablation complète de la tumeur.

12. Orphanet (site dédié aux maladies orphelines); contribution du docteur J. Grill, 2005.

son point de vue sur les traitements qui lui sont proposés.

Jean-Yves Nau, chroniqueur médical, écrit dans *Le Monde* daté du 19 mars 2008, jour du décès de Chantal Sébire : « La tumeur dont souffrait Chantal Sébire n'aurait pas dû entraîner la déformation majeure du visage, dont l'image a pétrifié la pensée. »

Le journaliste cite également les réponses déconcertantes de Chantal Sébire suite au diagnostic de la tumeur des sinus posé par le chirurgien ORL lyonnais et des différents avis qu'elle avait pris auprès de spécialistes à Grenoble, Besançon, Dijon et Paris : « Je n'ai pas accepté les interventions qu'on me proposait, car le risque vital était engagé. » En d'autres termes, Chantal Sébire avait refusé de se faire opérer car elle estimait risquer sa vie, ce qui était bien entendu un droit, le sien, qu'il convient de respecter. La maladie va donc évoluer, peu à peu, de manière inexorable, jusqu'à provoquer une déformation considérable de son visage et d'atroces douleurs.

Il faut se reporter alors au témoignage du docteur Jean-Louis Beal, chef de l'Unité des soins palliatifs du CHU de Dijon, qui lui rend visite à la fin de l'année 2007, juste avant le déferlement médiatique. « À l'issue de cet entretien, Chantal Sébire a refusé tous les traitements antalgiques que je lui proposais, arguant d'effets secondaires qu'elle estimait intolérables. Elle craignait que ces médicaments ne la rendent somnolente et lui fassent perdre le contrôle de sa volonté. La seule chose qu'elle accepta de prendre, c'était du paracétamol. Chantal Sébire ne voulait pas recevoir de la morphine. Elle m'a dit que la morphine, c'était de la chimie, donc du poison[13]. »

Enfin, dans le journal *Le Parisien* daté du 26 mars 2008, le docteur Jean-Louis Beal fait une révélation surprenante. Il affirme que Chantal Sébire, qu'il avait vue en consultation quelques semaines auparavant, ne voulait être soignée que par l'homéopathie. « Elle nous disait vouloir contrôler sa vie et n'acceptait que les médecines douces. Je lui ai suggéré de rentrer dans mon Unité de soins palliatifs, mais elle ne l'a pas souhaité. C'est son droit. Mais qu'on ne vienne pas nous dire, aujourd'hui, que l'on n'a rien proposé. On n'a jamais douté de l'intensité de sa douleur, mais elle a opposé un "Non" catégorique à nos protocoles. Je lui ai proposé différents antidouleurs, y compris la morphine, mais cela ne lui convenait pas car elle l'assimilait à de la chimie, donc à du poison. »

13. *La Croix*, 27 mars 2008.

Ces propos rapportés dans la presse passèrent relativement inaperçus tant l'émotion était grande devant les images diffusées par les chaînes de télévision, émotion portée à son paroxysme par la « remarquable » campagne médiatique de l'Association pour le Droit de Mourir dans la Dignité. Une fois encore, je respecte le combat de ces militants dont la sincérité ne peut être contestée. Beaucoup d'entre eux ont été confrontés à l'épreuve de la fin de vie pénible d'un proche, leur conviction de mener un combat juste est sans faille. Dans cette affaire, cependant, je réprouve la désinformation et l'instrumentalisation qui a été faite de cette femme, même si c'est avec son consentement.

Les questions des journalistes baignaient dans un pathos sans recul. Un des membres de l'ADMD organisait les rendez-vous avec les différents médias. Un avocat, Gilles Antonowicz, adhérent lui aussi de l'association et auteur du livre relatant la fin d'Hervé Pierra (voir page 82, note 9), proposa à Chantal Sébire de déposer une demande exceptionnelle auprès d'un juge d'un recours à un suicide médicalement assisté. La présidence de la République, elle-même soumise à la pression d'une opinion publique bouleversée, dépêcha des conseillers pour se pencher sur le cas de cette femme. Mais personne, au milieu de ce tourbillon pathétique et émotionnel, ne prit le temps de rappeler les termes de la loi Leonetti votée en 2005. Un silence assourdissant, et pourtant ! Cette loi contient toutes les dispositions nécessaires pour que cette femme, qui avait choisi en toute liberté (?) de ne pas se soigner, de ne pas être soulagée, puisse entrer dans une unité de soins, dans un service hospitalier et y être calmement accompagnée vers la mort entourée de ceux qui l'aimaient. Mais l'ADMD, insatisfaite par une législation qu'elle estime insuffisante, fit, comme chaque fois que l'occasion s'en présente, de ce cas si particulier un élément de son combat en faveur de l'adoption d'une loi autorisant un tiers à agir dans le but de mettre un terme à la vie d'une personne, c'est-à-dire en faveur de l'euthanasie active. Chantal Sébire elle-même, et cela fut l'un des facteurs forçant l'admiration et la compassion du public, fit de son calvaire une arme ultime de la lutte pour « La Cause ».

Mais que doit faire la République dans de pareilles circonstances ? Ne pas tolérer la souffrance, bien sûr. La loi se doit de le rappeler, et celle de 2005 le précise noir sur blanc. Cela était possible, nous l'avons vu, mais refusé par la patiente. Alors changer la loi ? Mais même si l'on est favorable à une légalisation de l'euthanasie active, les procédures démocratiques, les débats contradictoires puis les votes des deux Chambres indispensables pour y parvenir, l'avis des instances de recours éventuellement sollicité, le délai de promulgation du texte et les décrets d'application interdisaient en toute éventualité qu'une nouvelle disposition en ce sens fût applicable à Chantal Sébire qui, en attendant, souffrait le martyre. C'était là une situation absurde et choquante, voire scandaleuse, sacrifiant la qualité des derniers jours de cette femme à l'objectif poursuivi, mais dont chaque personne de bonne foi comprenait bien qu'il ne s'appliquerait pas à la malade elle-même.

Je me suis senti malheureux, révolté même par le prix individuel à payer pour un combat qui n'est pas le mien mais dont je reconnais la qualité. Au plus fort de l'ouragan médiatique, j'ai pris part au débat pour tenter d'en rappeler les termes et j'ai répondu en conscience aux questions des journalistes sans disposer d'ailleurs de toutes les informations aujourd'hui connues. J'ai parfois été traité d'homme insensible et sans cœur, cruel, de professionnel froid. Les déclarations du chef de service de l'Unité de soins palliatifs de l'hôpital de Dijon étaient pourtant claires. « Des vérités ont été tronquées, déclarait-il au journal *La Croix* quelques jours avant le décès de Chantal Sébire. On a entendu dire, depuis que cette affaire a été médiatisée, que cette patiente souffrait de douleurs que rien ne permettait de soulager au niveau médical. Pour accréditer cette thèse, certains ont même dit qu'elle était allergique à la morphine. Tout cela est inexact. » L'un de ses collègues anesthésistes expliqua alors aux journalistes, qui ne relayèrent que très peu cette information, qu'il n'existait pas vraiment d'allergie à la morphine mais des effets secondaires qui pouvaient être calmés par d'autres médicaments.

Sachant alors que Mme Chantal Sébire pouvait recevoir de la morphine et en être soulagée, j'ai persisté à défendre la loi Leonetti. Elle pouvait être appliquée, Chantal Sébire la refusait. C'était son droit, c'était son choix.

La République doit-elle cependant adopter autant de lois qu'existent de désirs, de souhaits ou de volontés convaincues au sein de la société ? Ou bien plutôt définir le cadre moral et juridique défini par les citoyens au sein duquel opère la liberté individuelle ? Il y a un consensus social pour que la loi défende les plus faibles, en particulier les malades, contre la douleur. L'objectif étant atteint, faut-il aller au-delà ?

5

Légiférer

La loi Leonetti

La loi Leonetti votée par le Parlement français en 2005 proscrit, tout d'abord, l'obstination déraisonnable. Quand des traitements apparaissent inutiles aux malades, disproportionnés, ou n'ayant d'autres effets que le maintien artificiel de la vie, ils peuvent ne pas être entrepris ou doivent être suspendus. La loi suppose ici, comme souvent dans le débat éthique, que le malade reste un sujet pleinement maître de ses choix. Ce sujet, souverain de lui-même, correspond, bien sûr, à une conception de la dignité du sujet moral considéré comme un être rationnel, apte à donner un consentement éclairé aux soins qui lui sont proposés. Dans les services de soins intensifs, de réanimation ou de gériatrie, la réalité est néanmoins plus complexe. Les discussions des patients avec les équipes médicales ne ressemblent que de loin à cette épure de délibération rationnelle supposée par la loi. La souffrance, l'angoisse, les non-dits, la remontée des conflits familiaux prennent, le plus souvent, une part prépondérante. Comment respecter alors l'autonomie des patients tout en faisant la part de ce qui peut paraître déraisonnable dans leur demande ?

La loi prend en compte le cas où le malade ne peut s'exprimer lui-même. L'équipe médicale est alors invitée à demander un avis auprès d'une personne de confiance désignée au préalable, de la famille ou des proches.

Les textes stipulent enfin, et c'est capital, que la prise en charge de la douleur d'une personne en phase avancée ou terminale d'une affection grave et incurable ne peut être refusée au motif qu'elle risquerait de hâter la mort. Même si celle-ci est un effet secondaire du traitement antidouleur, ce traitement est autorisé.

Cette législation s'appuie sur la fiction juridique nécessaire du sujet rationnel. Elle a su construire un équilibre positif entre les droits des patients, qui ne sont néanmoins pas considérés comme seule source des normes de comportement, et les contraintes professionnelles du corps médical sur lequel l'ensemble de la société se décharge le plus souvent.

L'Association pour le Droit de Mourir dans la Dignité est hostile au compromis représenté par cette loi et prône un droit de mourir en cherchant à obtenir l'adoption d'une loi positive autorisant ou au moins dépénalisant l'euthanasie. Son modèle est l'arsenal législatif adopté par les Pays-Bas depuis plusieurs années. Sa puissance de feu médiatique est essentiellement alimentée par l'idée qu'elle représenterait une part éclairée de l'opinion qui, forte de l'appui de médias courageux, soulèverait la chape de plomb des hypocrisies nationales. Mais cette demande de débat continue de se faire, nous en avons détaillé plusieurs exemples, dans un contexte passionnel d'émotion unanime où la défense de la loi Leonetti relève d'un exercice particulièrement délicat auquel je vais tenter d'apporter, du point de vue juridique et éthique, ma contribution. Deux problèmes de fond sont posés aux juristes et aux parlementaires. Existe-t-il un droit de mourir ? Quel est le statut d'une exception vis-à-vis de la loi ?

Un droit de mourir ?

La proximité de la mort n'est jamais une raison en soi d'abréger la vie, dès lors que l'on peut recréer, nous l'avons vu, les conditions qui permettent d'attendre quelque chose du lendemain et par là même de restaurer les termes d'une liberté, limitée dans le temps, comme elle l'est toujours chez un être mortel.

Il existe pourtant des situations où la mort réclamée continue de l'être, alors même que la personne a été efficacement soulagée. C'est rare mais cela existe. Je n'en ai pas rencontré dans mon expérience médicale. Chacun de ces cas individuels mérite d'être considéré. Quelle serait alors la bonne attitude ? Résumons.

La première consisterait à prévoir des dispositions particulières dans la législation pour que, dans des cas exceptionnels, avec son accord – personne ne peut le forcer à agir contre ses convictions –, un médecin accède à la demande réitérée d'une personne d'en finir avec la vie.

La deuxième, mise en œuvre par la loi Leonetti, considère qu'une souffrance morale peut persister, alors même que la douleur physique a été calmée. Il convient dans ces conditions de permettre à la personne de s'endormir et de ne pas se réveiller. C'est d'ailleurs la manière dont on meurt le plus souvent. L'idée selon laquelle la seule mort acceptable serait celle, instantanée, du condamné à mort que l'on fusille, de celui à qui l'on coupe la tête, l'attaque cardiaque ou cérébrale foudroyante, ou encore celle provoquée par une injection létale, ne correspond pas à la manière dont nous disparaissons en général.

Il est enfin une troisième attitude : lorsqu'une personne a demandé qu'on l'aide à mourir, qu'une autre l'a entendue et a considéré qu'il était de son devoir d'accéder à sa demande, qu'elle l'a fait, on peut considérer que cette mort donnée est certes une transgression qui mérite que soit engagée une procédure, mais que les circonstances atténuantes sont telles que celle-ci ne doit pas aller au-delà du raisonnable. Nous serions en somme dans la même situation que celle du meurtre en état de légitime défense.

La loi ne pose, aujourd'hui, qu'une seule exception à l'interdiction de tuer : la guerre. Même la légitime défense ne fait pas exception. Les affaires sont toujours instruites. Néanmoins, lorsqu'il est patent que la personne était en situation de légitime défense, la procédure s'arrête et un non lieu est délivré. Cette attitude m'apparaît être, de loin, la plus humaine, celle qui permet le mieux de répondre à la diversité des affaires.

En effet, notre société a profondément déresponsabilisé chacun d'entre nous. Nous avons l'impression que nous sommes devenus incapables d'agir si un règlement ou une loi ne nous y autorise pas, voire ne nous y incite pas. Moi, je veux assumer ma liberté, y compris, le cas échéant, celle d'aider un tiers à mourir, si je considère que tel est mon devoir, conscient de ma responsabilité et sans exiger pour cela un cadre juridique dans lequel je n'aurais plus qu'à m'engouffrer. La justice humaine édicte des règles qu'ensuite la jurisprudence adapte à la particularité des situations. Je préfère de loin ce système à une législation qui entrerait dans le détail et se mettrait à énumérer de nouvelles exceptions à l'interdiction de tuer.

Notre histoire, nos expériences aux uns et aux autres ont montré que nous les médecins pouvons, en notre âme et conscience, transgresser la loi. Nous l'avons souvent fait. Par exemple, en pratiquant des interruptions volontaires de grossesse à l'époque où c'était interdit. Aujourd'hui encore, certains médecins s'engagent en faveur des droits des malades sans papiers, menacés d'expulsion, car ils considèrent que leur devoir médical l'emporte sur le règlement. Il est donc fréquent que, en leur âme et conscience, les personnels soignants transgressent les règles administratives ou juridiques lorsqu'elles s'avèrent en contradiction avec le corpus éthique du serment d'Hippocrate. Le médecin a des devoirs envers son patient. C'est toujours la vieille tragédie d'Antigone qui se répète : Créon fait tuer Antigone qui suit l'injonction de son devoir et non celle de la loi que lui, le roi, a édictée. Mais c'est une dictature. Nous, nous sommes en démocratie, le peuple souverain dit la loi mais sait pardonner à Antigone en considérant ses motivations.

Quant au double effet, déjà évoqué, beaucoup pourraient me croire hypocrite : j'injecte de la morphine, je mets les gens en coma léger, je ne les nourris plus, conscient de ce qu'ils vont ainsi mourir en quelques jours. Pourquoi ne pas injecter directement du chlorure de potassium par voie intraveineuse ? Cette objection est recevable, mais j'y ai déjà répondu sur le plan de la finalité de l'action, qui me semble essentielle. Lorsque j'endors un de mes patients en phase terminale d'un cancer par exemple, c'est dans le but de l'empêcher de souffrir, physiquement et moralement. Certes, s'il dort sans être ni nourri, ni hydraté, sa mort en sera sans aucun doute hâtée. Elle n'était néanmoins pas mon objectif. En médecine, nous avons l'habitude du double effet. Un malade souffrant d'un ostéosarcome du fémur est ainsi amputé afin de le soigner et non pas d'en faire un unijambiste. L'action, même si elle a le même résultat, ne peut être comparée à une mutilation volontaire perpétrée par un médecin fou désirant mutiler.

Il existe une différence fondamentale pour la nation, pour le législateur entre reconnaître qu'un médecin, parce qu'il n'a pas d'autres moyens de soulager des souffrances, peut prescrire des médicaments qui vont abréger la vie et introduire dans le droit positif l'autorisation de donner la mort. Ce n'est pas là, me semble-t-il, une simple querelle sémantique, c'est le reflet d'actions de significations radicalement différentes.

Si la loi Leonetti autorisait de mettre à mort des personnes par famine prolongée, elle serait inhumaine. Je dois d'ailleurs avouer qu'avant de la lire en détail, j'avais eu un haut-le-cœur. Comment ? Ce texte nous permet de faire mourir les gens de faim ? Mais c'est impossible ! Il ne s'agit bien sûr pas de cela. On peut laisser un stimulateur cardiaque, un respirateur artificiel, pour maintenir en vie une personne dont on sait qu'elle ne sera plus jamais autonome, ou continuer à alimenter par sonde gastrique un malade chez lequel il sera impossible de rétablir une vie relationnelle autonome, qui le sait et en souffre. Dans les deux cas, on peut évoquer l'acharnement thérapeutique qu'il est légitime d'interrompre dans des conditions évitant toute souffrance. La sédation est par conséquent la première réponse ; elle va de pair avec la cessation des soins, conditions d'une survie sans perspective. Il ne peut pas y avoir de dissociation entre les deux types d'action.

Exception d'euthanasie ?

Donner la mort reste selon moi toujours une transgression. La loi édicte des principes et la jurisprudence, avec humanité, détermine leurs conditions d'application. Il ne me semble pas souhaitable d'introduire dans la loi des dispositions nouvelles énumérant les exceptions au principe de l'interdiction de tuer. Qu'on aille plus loin et qu'on indique, comme dans le cas du meurtre en état de légitime défense déjà évoqué, que la procédure prévoit une clause de non-lieu pour que l'auteur d'un acte « solidaire » d'euthanasie mis en cause n'aille pas jusqu'aux assises me paraît la solution la plus intéressante à explorer. Elle permettrait, en effet, d'instruire tous les cas individuels, sans acharnement juridique, comme cela arrive parfois.

Ainsi, pourquoi la justice a-t-elle demandé l'autopsie de Chantal Sébire ? Qu'elle se soit suicidée ou que quelqu'un lui ait procuré des médicaments, aucune sanction juridique n'était envisageable. Évitons la mise en œuvre de procédures automatiques, stéréotypées, concernant des personnes dont on sait fort bien que si on les présente aux assises, elles seront toujours acquittées.

Le terme « d'exception d'euthanasie » vient de la proposition de l'avis 63 du Comité consultatif national d'éthique dont je fus membre pendant douze ans. J'ai de la sorte participé, durant l'année 2000, de façon active aux discussions sur le sujet. Il s'agit d'un terme très ambigu, je l'avais dit, et d'ailleurs nos débats, qui furent de qualité, aboutirent à un texte lui aussi non dénué d'ambiguïté puisqu'il fut interprété différemment par les membres du Comité.

En effet, l'avis du CCNE rappelle que l'euthanasie est une transgression mais que, néanmoins, dans des situations exceptionnelles, une exception d'euthanasie, décidée de manière collégiale, peut être envisagée tout en restant transgressive.

Les termes employés permirent de réunir un consensus, mais à quel prix ? C'est parce que ce document disait que l'euthanasie demeurait une transgression que le futur évêque d'Angers, monseigneur Jean-Louis Bruguès, alors membre du CCNE depuis 1998, se rallia à ce texte. Mais c'est parce qu'on avait parlé d'exception d'euthanasie que mon ami le sénateur Henri Caillavet, l'un des fondateurs de l'Association pour le Droit de Mourir dans la Dignité, l'a signé lui aussi avec enthousiasme.

Pour ma part, je pense que ce terme « d'exception d'euthanasie » véhicule l'ambiguïté comme la nuée véhicule l'orage, et qu'il vaut mieux, comme je m'en suis expliqué, l'éviter.

Depuis cet avis du Comité d'éthique, certains proposent que l'exception d'euthanasie soit mise en œuvre par convocation d'un comité thanatique local – pour ne pas dire un comité d'éthique – qui déciderait, dans des cas exceptionnels, d'appliquer une loi positive autorisant une telle pratique. Cette proposition a peine à me convaincre. Lorsque la loi maintient qu'il est interdit de tuer, il ne m'apparaît pas satisfaisant qu'elle prévoie les conditions dans lesquelles ce principe – excellent – peut être battu en brèche en toute légalité.

Le problème de l'euthanasie est une vraie question de société qui met en évidence le rôle de la loi par rapport aux citoyens. Elle a pour devoir de les protéger et de les défendre. Doit-elle pour autant s'adapter à toutes leurs demandes, quelles qu'elles soient, quand bien même d'autres solutions sont possibles pour éviter l'intolérable ? Faut-il que le droit positif s'ajuste à la diversité des « choix » personnels ? J'estime que les lois doivent se placer en amont des histoires individuelles, définir les principes dans lesquels se reconnaît une société. Il ne leur revient pas d'organiser l'assistance de l'État à la réalisation des projets de chacun, mais de définir les limites dans lesquelles il convient que ceux-ci soient menés.

Prenons l'exemple du désir de mourir provoqué par la douleur de vivre, ce qui, je l'ai analysé, correspond à la situation générale. Certes, cette douleur peut être celle d'un patient atteint d'une maladie cruelle, d'une personne souffrant d'un handicap insupportable. Mais celle qu'engendre une dépression insondable et incurable, la mort de l'enfant soleil de sa vie, de l'âme sœur n'est pas moins vive, elle n'est pas ressentie comme moins insupportable. Faut-il alors légaliser aussi l'assistance publique au suicide au lieu de s'efforcer de l'éviter après être convenus qu'il ne représentait jamais un authentique choix libre ? Et quand bien même il en serait un, ce serait celui d'un individu confronté à un contexte particulier. Faut-il que ce devienne par là même et de manière systématique un projet de société ? Une telle revendication est posée de manière explicite par certaines associations aux Pays-Bas, berceau de la première loi de légalisation de l'euthanasie.

Tel n'est pas le modèle de société que je conçois. L'organisation de toute communauté humaine doit laisser sa place aux sentiments, à l'analyse et aux choix personnels. Tout autre monde m'effraierait. J'appelle de mes vœux un vrai projet collectif qui dise ce qui est essentiel dans l'homme et doit être de ce fait protégé. Un tel projet doit constituer un cadre épanouissant et non infantilisant pour les engagements individuels. La loi définit le contexte juridique et moral d'une extraordinaire diversité de positionnements individuels qui sont tous légitimes en tant qu'expressions du libre arbitre de personnes respectables et responsables, positions qu'il ne revient pas au droit de prendre systématiquement en compte.

Ça coûte cher !

L'argument économique affleure souvent dans le débat sur l'euthanasie et me semble de nature à poser des questions fondamentales qu'il conviendra d'analyser au moment de légiférer.

Pour ne pas déstabiliser l'économie, avancent certains, ne pas la mettre en péril, il serait souhaitable d'éviter que des personnes en fin de vie ou atteintes d'affections comme la maladie d'Alzheimer, dont j'ai déjà parlé, ne coûtent trop cher à la société. Une pensée libérale radicale conduit en effet à penser que l'homme est au service de l'économie et non pas l'économie au service de l'homme.

Dans la conception classique du Progrès, tous les moyens que l'on accumule, techniques aussi bien que financiers, se justifient non pas en tant qu'ils permettent d'accroître les richesses mais parce qu'ils sont les outils d'une promotion de l'individu et de la collectivité et d'une amélioration de leur épanouissement. À quoi bon la prospérité si elle n'est pas le moyen d'apporter de meilleures solutions aux situations les plus difficiles, aux plus grandes détresses ?

Rappelez-vous la canicule, à l'été 2003. Je fus invité cette année-là à l'Université d'été de ce qui était encore l'UDF, au bord du lac de Pont, près de Semur-en-Auxois. Ce parti politique avait organisé un débat autour de la prise en charge des personnes âgées, et François Bayrou, le président du parti, avait invité Patrick Pelloux, l'urgentiste célèbre qui se fit connaître à cette période, ainsi qu'un proche d'Alain Madelin, un partisan du libéralisme pur et dur. Ce libéral sincère et convaincu, décomplexé, exprima sa conviction que, la condition du bonheur humain étant la prospérité économique, il convenait que l'homme s'efforçât de la garantir par tous les moyens. À ce titre, il importait, pour éviter des pertes colossales liées à l'augmentation des maladies d'Alzheimer, que la loi se préparât à éviter la prolongation de la décrépitude de ce type de malades. Selon lui, la société ne pourrait ni psychologiquement ni financièrement supporter cette nouvelle réalité.

Les six derniers mois de la vie coûtent parfois plus cher en dépenses de soins que la totalité d'une existence, rappela-t-il. La solution la plus économe de souffrances et d'argent serait de faire disparaître toutes ces personnes atteintes de maux irréversibles avant cette période si dispendieuse. Il parlait en particulier des centaines de milliers de personnes souffrant de la maladie d'Alzheimer.

Dans cette logique, le bonheur humain en dehors de la prospérité économique n'est qu'une utopie. Par conséquent, l'homme se doit de tout mettre en œuvre pour accroître les richesses, au moins les préserver, y compris en adoptant des dispositions législatives extrêmes. Patrick Pelloux, François Bayrou et moi-même lui avons opposé fermement une tout autre conception de l'existence selon laquelle les biens accumulés n'avaient qu'une seule justification, celle de constituer de puissants moyens au service de l'homme.

Le moment à partir duquel l'économie et les richesses deviennent opposables à l'homme marque avec clarté la scission entre deux manières de penser.

L'une obéit aux traditions du libéralisme dans son acception américaine du terme, à la suite de l'école d'économie de Chicago, de Milton Friedman, de Friedrich von Hayek pour qui seuls importent les déterminants financiers du *business* et le numéraire.

L'autre voit dans le Progrès, y compris économique, un moyen nécessaire au bonheur de l'homme dont la recherche constitue la réelle justification.

Ces différences de conception de la société modulent les positions sur la fin de vie.

En effet, s'il s'agit d'organiser « l'accès à la mort digne » de personnes d'un grand âge ou atteintes de démence sénile, poids morts pour la société et danger mortel pour ses finances, il faut à tout prix se garder d'affirmer, comme je le propose, que « tous les hommes naissent et demeurent libres et égaux en dignité et en droits ». En fait, il y aurait dissipation concomitante de la légitimité économique et de la dignité, la seconde dépendant de la première.

Une telle vision nie aussi qu'il soit possible de donner sens et valeur aux derniers instants d'un proche, sans préjudice de son état physique et psychique. La relation affective entre l'aïeul(e) « dégradé(e) », voué(e) à une mort prochaine et tous ceux pour qui il/elle représente toujours et encore un être aimé, ce qui se noue à cet instant et dont les survivants garderont l'empreinte, sont pris en suspicion, voire déclarés illusoires s'ils ne sont pas organisés en amont de cette période incertaine et complexe où explosent les dépenses de santé sans espoir à long terme. En amont, par conséquent, d'une euthanasie socialement encouragée avant que d'être, peut-être un jour, organisée.

En bref, selon cette analyse à laquelle conduit la vision que développait l'ultralibéral de service aux journées d'été de l'UDF, l'absence de réalisme face à ces questions ferait courir un risque au Progrès conçu comme un impératif s'imposant à l'homme et non comme une chance supplémentaire à sa disposition.

J'ai, quant à moi, choisi mon camp depuis longtemps dans ce débat. Puisque tous les hommes naissent et demeurent égaux en dignité et en droits, il s'ensuit que la société ne peut leur opposer leur état ou leur « coût social » pour contester la dignité de leur vie. La fin prochaine n'est pas une raison suffisante pour disqualifier la qualité des jours qu'il reste à vivre ; ceux-ci, parce qu'ils sont les derniers, peuvent même être d'une importance particulière s'il est possible de leur donner sens pour les mourants, de les investir du rôle essentiel d'un instant irremplaçable de passage d'un témoin intellectuel et affectif.

Bien entendu, les médecins, les familles doivent faire preuve de bon sens. Les moyens mis en œuvre pour prolonger la vie d'une personne de quatre-vingt-quinze ans ne vont pas être les mêmes que pour sauver celle d'un jeune adulte de vingt-cinq ans qui souffre du même mal. Tout le monde le sait, et personne ne proteste. Pour autant, faut-il éviter qu'une personne ne parvienne à l'âge de quatre-vingt-quinze ans de peur qu'elle ne devienne sénile après quatre-vingt-dix ans ? Mais pourquoi choisir d'interrompre une vie à ce moment ?

À quatre-vingt-dix ans, les vieillards ne sont pas tous en grande forme. Alors pourquoi, je m'en suis déjà inquiété, ne pas « supprimer » les seniors qui atteignent quatre-vingt-cinq ans ? À cet âge, cela fait longtemps qu'on a cessé de produire et d'être joli(e). Alors, pourquoi ne pas déplacer la limite vers des âges moins élevés ? La rationalisation économique de la fin de vie, on le voit, mènerait à ce genre de calculs inhumains et ingérables basés sur la définition de seuils acceptables ou non du grand âge et de signes de sénilité, physiologique ou pathologique.

L'attitude juste bannit ce type de raisonnement, ce qui n'exclut pas de pousser la réflexion sur l'adéquation entre l'allocation des moyens de santé et les résultats escomptés. À ce titre, on ne va pas allouer les mêmes moyens pour sauver la vie de patients de quatre-vingt-quinze ou de vingt-cinq ans. Le médecin n'est pas un impotent moral, il a une double responsabilité, l'une envers la personne qu'il soigne, l'autre envers la société. Il doit en effet être conscient du coût social de ce qu'il met en œuvre. C'est la difficulté et la grandeur de la médecine de ne quitter du regard ni l'un ni l'autre de ces objectifs.

Pour autant, une telle attitude réaliste ne remet pas en cause la conviction que le Progrès est fait pour l'homme et non l'homme pour le Progrès. En d'autres termes, il convient que le développement des connaissances, des techniques et des richesses profite aux personnes à tous les âges de leur vie, y compris à la fin de celle-ci, non pas jamais pour la provoquer ou la hâter mais toujours pour l'adoucir, pour l'humaniser. Lorsqu'une personne vieillit, il se peut que sa santé, sa mémoire et son entendement déclinent, sa dignité non, même si les soins dont elle a besoin impliquent d'importants efforts financiers de la part de la société. Dans de telles situations, le Progrès doit constituer un espoir et une promesse et non une menace.

Législations étrangères

On nous dit que la France est en retard par rapport aux lois des Pays-Bas ou de la Belgique. Certains pensent donc qu'il y aurait un sens de l'évolution judiciaire, comme existait un sens de l'Histoire pour Hegel et les marxistes ; on serait en retard ou en avance par rapport à une évolution inéluctable des consciences, des sentiments et des textes. Je suis un homme libre, et je ne crois pas à l'existence de « lois » indépendantes de la volonté humaine et indiquant ce qu'il convient de faire. Chacun, avec son génie propre, avance, selon sa conviction.

En 2000, les Pays-Bas sont le premier pays au monde à avoir voté une loi légalisant l'euthanasie. Cette législation est entrée en vigueur après un vote par le Sénat le 1er avril 2002 qui a confirmé celui des députés deux ans auparavant. Les conditions d'application de ces textes sont encadrées par un protocole très précis. « Le médecin doit être certain, précise le document, que le malade a fait une demande volontaire et raisonnée sans lien avec une dépression ou un épuisement passager. » Par ailleurs, « ce médecin doit avoir la conviction que l'état de son patient provoque des souffrances intolérables et que l'évolution de la maladie ne laisse aucun doute sur l'impossibilité d'une amélioration ». Enfin, un autre médecin indépendant doit, dans le cas d'une décision d'euthanasie, vérifier l'avis de son confrère et formuler ses conclusions par écrit. L'euthanasie ou le suicide assisté sont assurés par le médecin lui-même avec prescription de drogues ou injection de substance létale.

Sans modifier son code pénal, en 2002, la Belgique a elle aussi introduit une disposition juridique spécifique qui peut, dans certaines circonstances, donner un statut légal à l'euthanasie. Plus de trois ans ont été nécessaires aux députés pour parvenir à un compromis. Je connais bien ces questions pour avoir moi-même participé au débat sur la législation qui a abouti en Belgique, et je suis convaincu que, bien sûr, elles sont de nature à enrichir nos discussions en France. Mais sur leurs dispositions spécifiques, l'évaluation qui en est faite est pour autant riche d'enseignement.

On constate d'abord que l'application de la législation d'euthanasie active dans ces différents pays, jusqu'à 1,6 % des décès aux Pays-Bas, semble aujourd'hui plutôt décliner, au profit de mesures palliatives d'accompagnement, ce qui constitue une donnée plutôt rassurante. D'un autre côté, il faut évoquer la notion de « pente glissante », une notion parfois utilisée de manière excessive chaque fois que l'on est opposé à une innovation technique et réglementaire. Néanmoins, cet argument n'est pas toujours faux. Dans le cas des Pays-Bas, difficile de ne pas y faire référence quand on sait que les Hollandais en sont aujourd'hui à discuter de l'application de la loi sur l'euthanasie aux malades mentaux et aux enfants, voire du droit à l'assistance au suicide à qui en fait la demande.

Le cas des enfants pose de façon explicite la question de l'entendement au moment d'un choix ou d'une décision à prendre. Quant aux malades mentaux, les frontières entre les affections sont mouvantes. Comment le consentement et la volonté libre, expresse et éclairée d'une personne souffrant, par exemple, d'une dépression terrible et voulant mourir peuvent-ils être considérés comme la volonté idéale d'un être autonome en complète possession de ses moyens cognitifs et maître de son libre arbitre ? La dépression ou autres maladies mentales ne constituent-elles pas d'impitoyables contraintes pour ceux qui en sont atteints ? Faut-il que la loi cède à la tyrannie et aux injonctions de la maladie ?

En d'autres termes, en espérant que la médecine fera des progrès, la solution n'est-elle pas, plutôt que d'accéder à leur incontestable désir de mort, d'essayer de les soigner ?

Dans le cas des Pays-Bas, de fil en aiguille, on aboutit à un élargissement du domaine d'application de la loi qui m'épouvante. Pour cette raison, je préfère ne pas y engager l'ongle du petit orteil du pied car les pays qui ont choisi la voie de la législation *a priori*, et non pas celle de la jurisprudence, m'apparaissent menacés de telles évolutions problématiques.

Une justice humaine

Une justice humaine se doit de manifester aussi sa compréhension envers ceux qui ont considéré de leur devoir de répondre par un geste d'euthanasie à l'appel au secours d'une personne martyrisée par la vie et désespérée, je tiens à le réaffirmer. La loi établit les principes fondant l'action collective et les limites entre lesquelles s'accomplissent les actions individuelles, étant entendu que la condition de leur respect dans la diversité des situations et des relations humaines échappe à toute catégorisation juridique précise.

La casuistique, dans le sens de la prise en considération de la spécificité des cas individuels, apparaît plus en phase avec la complexité du psychisme humain que l'application rigide de règles procédurales détaillées, surtout lorsqu'il s'agit de déterminer les conditions et les intentions exactes dans lesquelles quelqu'un est amené à donner la mort à un tiers.

Une conviction a joué un rôle important dans mon itinéraire personnel : la certitude « incertaine » (c'est-à-dire en dehors des sciences exactes) peut tuer. Le doute est ouvert à l'autre puisque celui qui ne sait pas cherche des éléments pour mieux comprendre et mieux savoir. Il existe une morale du doute. Le doute est vertueux. Dans le débat sur l'euthanasie, je suis émerveillé en même temps qu'épouvanté par tous ceux qui semblent si sûrs de leurs positions ; j'en frémis souvent.

Pour revenir à mes propositions découlant de ma vision d'une justice humaine, il m'apparaît souhaitable d'utiliser toutes les ressources d'une approche jurisprudentielle qui s'efforce d'appliquer l'esprit de la loi (« il est interdit de tuer ») à la diversité des circonstances, dans le souci d'une prise en compte des motivations réelles des acteurs et de la réalité des situations.

Dans cet esprit, il conviendrait, je le confirme, de se garder de tout absolutisme juridique, mécanique et absurde. Ne pas, en particulier, conduire systématiquement les affaires jusqu'à la cour d'assises alors que, quoi qu'en dise souvent la presse, la condamnation est exclue. Étudier s'il est possible l'idée d'introduire dans l'instruction des clauses permettant d'interrompre la procédure par un non-lieu, un peu sur le modèle de celui découlant de la reconnaissance d'un état de légitime défense chez un responsable d'homicide.

Conclusion

Je ne sacralise pas la vie. Je ne sacralise d'ailleurs rien. C'est la raison pour laquelle je suis opposé à l'acharnement thérapeutique et que pour moi le devoir de soulager un être qui souffre l'emporte dans tous les cas sur les autres considérations. Mais le pouvoir humain, qui est immense, s'arrête à celui d'interrompre la vie des autres. Rien ne peut le justifier. Dès lors qu'on s'engage dans la voie de la reconnaissance d'exceptions légales à cette règle, il n'existe plus, je le crains, d'obstacle robuste à des évolutions vers des situations indéchiffrables, des pratiques de plus en plus contestables. Le plus prudent et le plus juste me semble être de ne point s'y engager. Il importe de protéger des personnes en état de fragilité, non pas parce que leur vie serait sacrée, mais parce qu'une telle protection apportée à qui le requiert est l'impérieux devoir d'une société démocratique et humaniste de Progrès.

Quelle sera mon attitude lorsque, bien plus vieux que je ne suis, je ne pourrai plus marcher, me lever, je serai grabataire ? Peut-être désirerai-je mourir. Même dans ce cas s'appliqueront cependant à moi toutes les positions que je défends aujourd'hui.

Imaginons que je sois bien âgé, handicapé mais conscient. Nul doute que la perspective d'échanges riches et chaleureux avec les miens, enfants, petits-enfants (et, pourquoi pas, au-delà) me les feront attendre et espérer, eux et non la mort. Pour autant, la possibilité d'un affaiblissement important de mes capacités intellectuelles, de mes aptitudes à la communication, le risque d'une perte d'autonomie et d'une dépendance croissantes m'effraient, moi aussi. Je ne puis exclure que cette crainte ne m'amène à préférer, dans ce cas, disparaître et souhaiter alors, si je ne suis pas en mesure de mettre moi-même fin à mes jours, qu'on m'apporte une assistance au suicide. Cela n'est pas aujourd'hui mon état d'esprit, mais je ne peux écarter cette éventualité. Ce réalisme ne me conduit cependant pas à réviser mes convictions et à vouloir transférer à la loi la responsabilité de la mise en œuvre d'une telle décision.

En définitive, je propose que l'on sorte d'une opposition manichéenne primaire entre deux extrêmes irréconciliables : d'une part, l'ultime liberté de mourir dans la dignité ; d'autre part, le caractère sacré de la vie à tout prix, quels qu'en soient les conditions et le sentiment de la personne concernée.

Avec le parlementaire Jean Leonetti, rapporteur de la loi de 2005, il faut admettre « que la qualité de vie du mourant vaut mieux que sa durée [et] accepter que certains traitements de confort puissent abréger la vie ». En dehors même des circonstances de fin de vie *stricto sensu*, les députés Nadine Morano, de l'UMP, et Gaëtan Gorce, du parti socialiste, déclaraient, lors de sa discussion, qu'avec la loi du 22 avril 2005 il n'y aurait pas eu d'affaire Humbert. Vincent aurait obtenu l'interruption de l'alimentation artificielle dont dépendait sa vie et aurait bénéficié d'un accompagnement de soins palliatifs.

C'est pour ces raisons que l'actuelle législation française m'apparaît équilibrée et juste, de nature à permettre de faire face aux douleurs et détresses physiques et psychiques rebelles dans une grande variété de situations. Les textes pour y parvenir ne remettent pas en cause la dignité des personnes quel que soit leur état et n'établissent pas de nouvelles exceptions – après la guerre – à l'interdiction de donner la mort à autrui. Je m'en félicite.

Il existe sans doute des circonstances particulières, exceptionnelles, poussant en conscience quelqu'un, médecin ou proche, à transgresser cette dernière règle. Il importe aussi d'instruire leurs cas avec humanité selon le principe d'une société sachant à la fois s'accorder sur des principes et pardonner qui en transgresse la lettre plus que l'esprit.

Annexe

Pour consulter dans son intégralité la loi Leonetti :

www.legifrance.gouv.fr ; texte disponible à la Documentation française.

Pour en savoir plus et s'informer sur l'organisation des soins palliatifs en France :

– Le rapport de Marie de Hennezel remis au Gouvernement français le 21 mars 2008 : « La France palliative » ; disponible sur www.sante.gouv.fr et à la Documentation française.

Plusieurs sites internet permettent de trouver des conseils pratiques, des contacts sur les associations et les structures hospitalières qui travaillent dans le domaine des soins palliatifs dans toute la France :

– www.portail-soins-palliatifs.fr (liens avec toutes les associations en France),

– www.croix-saint-simon.org (centre de ressources sur les soins palliatifs),

– www.jalmalv.org (association nationale de bénévoles)

Quelques livres pour poursuivre la réflexion ou s'informer...

Le souci de l'autre, Marie de Hennezel, Pocket, 2005.

Seul l'amour fracasse les tombeaux, Denis Ledogar, Pocket, 2007.

Il n'est jamais trop tard pour vivre avec sa mort, Françoise Glorion, La Martinière, 2002.

Et pour les enfants...

Si on parlait de la mort, Catherine Dolto et Colline Faure-Poiré, Gallimard-Jeunesse, 2006.

Au nom de la vie, raconte moi la mort, Claire de Hennezel, Éditions du Rocher, 2003.

TABLE

Cet ouvrage a été composé par
Nord Compo (Villeneuve-d'Ascq)
et imprimé par **Bussière**
à Saint-Amand-Montrond (Cher)
pour le compte des Éditions plon

Achevé d'imprimer en octobre 2008.

N° d'édition : 14384. — N° d'impression : 083043/1.
Dépôt légal : octobre 2008.
Imprimé en France